修身养性

做心静如水的幸福女人

张小冰　李军燕◎编著

人生一世，须有"做人如水，做事如山"的境界和情怀！

人民日报出版社

图书在版编目（CIP）数据

修身养性，做心静如水的幸福女人 / 张小冰，李军燕
编著. -- 北京：人民日报出版社，2018.1
　ISBN 978-7-5115-5150-4

Ⅰ．①修… Ⅱ．①张… ②李… Ⅲ．①女性－修养－通俗读物
Ⅳ．①B825.5-49

中国版本图书馆CIP数据核字（2017）第301994号

书　　名：修身养性　做心静如水的幸福女人
作　　者：张小冰　李军燕

出 版 人：董　伟
责任编辑：刘天一
封面设计：陈国风

出版发行：人民日报出版社
社　　址：北京金台西路2号
邮政编码：100733
发行热线：(010) 65369527　65369846　65369509　65369510
邮购热线：(010) 65369530　65363527
编辑热线：(010) 65369844
网　　址：www.peopledailypress.com
经　　销：新华书店
印　　刷：北京柯蓝博泰印务有限公司

开　　本：710mm×1000mm　1/16
字　　数：195千字
印　　张：14.25
印　　次：2018年1月第1版　2018年1月第1次印刷

书　　号：ISBN 978-7-5115-5150-4
定　　价：39.80元

 前言

在这个追求高速度的竞争社会,每个女人都想拥有幸福的人生,花最少的时间做最有价值的工作,花最少的精力挣到更多的钱,消耗最少的资源得到更快的提升,并且获得更多的满足……但现实总是事与愿违。

很多女人虽然外表看起来光鲜亮丽、神采奕奕,但内心已经到达了疲惫的边缘。家庭的琐碎、工作的压力、人际关系的烦恼、生活的不如意等,往往让女人处于焦躁之中。有的女人甚至不能让自己轻轻松松地吃上一顿饭,没有空闲跟自己的好友聚个会、谈谈心,更不用说能经常陪伴在家人的身边,享受温馨的家庭生活了。

什么是幸福?对于大多数女人来说,这是一个令人迷茫的问题。

事实上,让我们变成这样的罪魁祸首不是别人,正是我们自己。女人要想幸福,首先要从内心开始,修身养性,只有做一个心如静水的女人,才能获得轻松,真正地幸福起来。

做一个心如静水的女人,安静坦然,不躁不乱,从容生活,幸福就会到来。与其在烦恼中伤害自己,在追求财富和名利的欲望中远离了内心的安然,倒不如让自己停下匆匆的脚步,驻足片刻,聆听内心的声音。佛说"菩提本无树,明镜亦非台",只要我们修身养性,有一颗如水般的心灵,我们就会发现,褪掉了那些复杂的表象,其实,幸福是一件很容易的事,它就像开在彼岸的花朵,如果我们心里充满欲念、无法从容淡定,那么我们将永远无法摘取这朵幸福之

修身养性 做心静如水的**幸福女人**

花;但如果静下心来,就会发现这朵花就在我们身边,就在当下。

所以,让我们修身养性,做一个心静如水的幸福女人。面对生活,要活在当下,眼前的就是幸福的;面对工作,要努力认真,勇敢追求;面对爱情,要把自己活成锦,自然有人来添花,懂得放手的智慧;面对婚姻,不求华丽的居舍,只求与爱人分享生活中的点点滴滴;面对人生,要从容淡定,处事不惊,可以伤心,可以流泪,但永远不丧失信心和勇气;面对自己,要温婉如春,做一个温柔的女子,同时自尊独立、提升自己、心藏情调……有了如此的人生态度,我们就会是幸福的。

一说到修身养性,心如静水,很多女人会觉得那是一件很费事或只可意会不可言传的事情,很难做到。然而,修身养性不需要你有多高的才智,也不需要复杂的谋略,只要我们打开心里的牢笼,掌握正确的方法。

修身养性就是要找到自我,回归真我,丢掉压力,用洒脱自在的心态笑看人生中的风雨,心静如水,在平静中感受生活的禅意。

本书直入正题,通过大量贴近生活的事例和精炼的要点,从活在当下、勇敢追求、婚姻幸福、从容淡定、淡泊安然、处事不惊、自尊独立、知书达理、提升自己、心藏情调等几个方面论述了修身养性的方法和诀窍。同时又从魅力、能力、心态、交际、情感、婚姻、财商等多个方面提示了女人幸福的关键所在。教会女性如何体现自己的女性之美,如何享受当下的幸福,如何享受爱情、婚姻、家庭的甜蜜,如何打造一个健康向上的心态,如何提升自己、让自己从优秀到卓越……本书既有行之有效的方法,又采取通俗易懂、不同于心灵鸡汤的写作手法,帮助女人开启自己的幸福之门,活得自在,活得精彩,活得出色!

这并不是什么不可思议的事情,告诉自己,你可以的。

不过,这里的关键点是:你要明确,你想过什么样的生活?即你要清楚"我为什么要养身养性"这一目的。如果没有想清楚"为什么"就开始,那是无法产生实际效果的,恐怕过一阵子又会被打回原形。现在就好好想想,你修身养性的首要目的是什么?

翻开本书,细细品读,从这里开始,一起阅读,一起淡定,一起在平和温暖的生活中体味幸福的真谛吧。

目录

第一章 温婉如春，温柔是女人的第一法宝

　　铁娘子撒切尔夫人说过："女人一生所犯的最大的错误，就是忘记了自己是女人。"女人之美，美就美在"似水柔情"。作为女人，你尽可以潇洒、聪慧、干练、足智多谋，但有一点不能少——温柔。温柔能把一切愤怒、误解、仇恨、冤屈、报复融化掉。在温柔面前，那些吵闹吼叫、斤斤计较、强词夺理、得理不饶人，显得那么可笑、可怜。

1. 英雄难过温柔关 　　　　　　　　　　　　　　　*002*
2. 轻柔的语气是女人的最佳名片 　　　　　　　　　*007*
3. 温柔的女人，首先能够控制自己的情绪 　　　　　*010*
4. 聪明的女人，懂得倾听 　　　　　　　　　　　　*013*
5. 化百炼刚为绕指柔 　　　　　　　　　　　　　　*017*

第二章　活在当下，眼前的就是幸福的

　　大多数女人觉得，幸福总是在远处，总希望放一放、搁一搁、等一等，总是说等有钱了、不忙了、有房了、升职了……再怎么怎么样，总之觉得幸福的时机是在等待之后的下一次。其实，幸福就在我们身边，就在当下这一刻。它可以是一个微笑，也可以是一顿丰盛的晚餐，还可以是每个夜晚香甜的睡眠……眼前的就是幸福的。

1. 珍惜当下的自己　　　　　　　　　　　　　　　024
2. 管理好自己的时间　　　　　　　　　　　　　　027
3. 迎接生活中的苦与乐　　　　　　　　　　　　　032
4. 接受生命中的不完美　　　　　　　　　　　　　035
5. 请放慢你的脚步　　　　　　　　　　　　　　　039

第三章　勇敢追求，幸福不会自己来敲门

　　要想得到幸福，女人就必须自己去争取，别人的精彩你是羡慕不来的。对于人生，不管何时何地，遇到何种境遇，女人都要勇敢地坚持自己的目标；对于爱情，爱的时候要大胆去爱，但当缘尽的时候，放下一枝玫瑰，可能就会拥有一片花海；对于工作，不能消极怠工，只有主动付出努力，长期坚持，才能敲开属于自己的幸福之门。做一个幸福的女人，去努力，去争取，不要害怕辛苦。

1. 幸福是自己争取来的　　　　　　　　　　　　　044
2. 别人的精彩羡慕不来，脚踏实地才有未来　　　　048
3. 实现目标的过程，需要勇敢与坚持　　　　　　　050
4. 放下一枝玫瑰，可能拥有一片花海　　　　　　　053
5. 幸福就是做自己喜欢的事情　　　　　　　　　　055

第四章 用心经营，围城后花园宁静又甜蜜

婚姻生活有可能不是女人梦想中的伊甸园，因为它充满了繁杂的琐事、沉重的家务，一系列没完没了但又不可回避的现实问题。要想让家庭和婚姻幸福，仅有爱情是不够的，婚姻还需要女人用心经营。想要花开，就要细心呵护种子，"一沙一世界，一花一天堂"，只要用心就能找到婚姻生活中点点滴滴的幸福。

1. 你把自己活成锦，自然有人来添花　　062
2. 婚姻的合伙经营让爱延续　　064
3. 让婚姻经得起平淡的流年　　070
4. 不要把家庭的和睦"吵"掉　　075
5. 相互勉励，携手共进，这才是幸福家庭该有的样子　　078
6. 找点空闲，找点时间，常回家看看　　080

第五章 从容淡定，心宽了就快乐了

人活的就是一份心态，心宽了，那些烦恼便也微不足道了。如果我们的心中住着一片海，即使有再多的苦与累，也都能融入海里，不惊起一丝波澜。没有人一生总是一帆风顺的，重要的是从容淡定，不要让坏情绪左右你的心情。要知道，快乐是女人一生的主题，拿走挂在心里的"鸟笼"，以一种花开的姿态，做一个从容淡定的女人。

1. 快乐是女人一生的主题　　086
2. 不要让坏情绪左右了你的心情　　089
3. 抱怨世界，不如改变自己　　093
4. 拿走挂在心里的"鸟笼"　　097
5. 从容淡定，以一种花开的姿态　　100

第六章 淡泊安然，虚荣嫉妒都是过眼云烟

　　幸福的女人不尽相同，但她们身上却拥有着共同的品质——淡泊安然。财富名利是荆棘，抓得越牢就会越痛，做一个淡泊名利，安然时光的女人，才能改变心境，明白只要努力与奋斗过，就应顺其自然。得之我幸，不得我命，珍惜自己的幸福，感恩自己的拥有。女人千万别让欲望吞噬了你的幸福生活，学会淡泊，看轻得失，明白善待与宽容。

1. 财富名利是荆棘，抓得越牢就会越痛　　　　　　　　　106
2. 别让欲望吞噬了你的幸福生活　　　　　　　　　　　　108
3. 越攀比，越有气；越比较，越伤心　　　　　　　　　　113
4. 节制购物：不要让"买买买"变成"悔悔悔"　　　　　117
5. 嫉妒别人没有用，提升自己是正道　　　　　　　　　　120

第七章 处事不惊，让一切纷扰散尽

　　生活中，女人总会遇到各种烦心事，学会处事不惊，心平气和、理智冷静地解决问题要比急躁、大呼小叫好得多。临危不乱，处变不惊，不仅是女人能力的表现，更是智慧的体现。以平和的心态来面对各种紧急情况，懂得选择和放弃，做一个无压力的轻松女人。

1. 做外在平和、内心坚韧的自己　　　　　　　　　　　　126
2. 真诚地对待生活中的每一个人　　　　　　　　　　　　128
3. 不纠结，懂得选择和放弃　　　　　　　　　　　　　　132
4. 学会原谅自己，和自己握手言和　　　　　　　　　　　136
5. 做一个无压力的轻松女人　　　　　　　　　　　　　　140

第八章 自尊独立，女人先爱自己才能让别人爱你

在现代社会，只有自尊独立的女人才能心安理得地享受自由生活的阳光和雨露，才能将命运交给自己。女人要想获得幸福，就一定要自尊独立，努力活出自身的社会价值。身为女人，不管在任何时候，我们都不应该为了爱而失去了自我。先爱自己，才能更好地去爱和得到爱。

1. 独立的女人才有自由　　　　　　　　　　　144
2. 摆脱自卑困扰，做自信的女人　　　　　　　146
3. 先爱自己，才能更好地去爱别人　　　　　　152
4. 学会理财，财务独立让自己更心安　　　　　155
5. 把命运交给自己，而不是别人　　　　　　　158
6. 不要做别人希望的风景　　　　　　　　　　160

第九章 知书达理，与大家和平相处

女人可以不成功，但一定要知书达理。懂礼仪、有涵养、宽容他人、娓娓而谈，让自己的言行举止化作春风，沐浴他人。做一个知书达理的女人，安静坦然，不躁不乱，与大家和平相处。记住，你的知书达理，就是与大家和平相处、获得好人缘的前提条件。

1. 娓娓而谈，让自己的语言化作春风　　　　　166
2. 是不是名媛都要懂礼仪　　　　　　　　　　169
3. 涵养深，拥有的就多　　　　　　　　　　　173
4. 修养是女人的气场源　　　　　　　　　　　176
5. 脚踩在玫瑰上，玫瑰却把余香留在脚上　　　179

第十章 提升自己，腹有诗书气自华

女人最重要的是不断提升自己，让自己与时俱进，跟上时代的脚步，让自己从优秀到卓越。你可以没有倾国倾城的貌，但要有超凡脱俗的美，这个美就来自于"腹有诗书气自华"。请记住：女人想要永远富有魅力和活力，就要不断提升自己。

1. 让自己从优秀到卓越　　　　　　　　　　　　184
2. 阅读：读书便可颜如玉　　　　　　　　　　　187
3. 智慧不是得到，而是学到　　　　　　　　　　190
4. 没有倾国倾城的貌，但有超凡脱俗的美　　　　193
5. 你是谁不重要，重要的是，你和谁在一起　　　195

第十一章 心藏情调，活出真性情

一个女人如果没有情调，就好比一幅没有灵气的水墨画。女人的情调是一种内在气质，是一种性格张扬，是一种情感外露，心怀春风，热爱生活，不做作，不掩饰，才最真实。情调就像蒙蒙细雨，滋养着女人的一生，使我们的每一天都是那么丰盈而充满意蕴。所以，要做，就做心藏情调的女人。

1. 心怀春风，微笑如影随形　　　　　　　　　　200
2. 做个热爱生活的幸福女人　　　　　　　　　　203
3. 培养兴趣爱好，让你的生活更充实　　　　　　206
4. 给自己放个假，在旅行中体验另一种生活　　　210
5. 世界很复杂，慈悲之心很重要　　　　　　　　213

第一章

温婉如春,温柔是女人的第一法宝

　　铁娘子撒切尔夫人说过:"女人一生所犯的最大的错误,就是忘记了自己是女人。"女人之美,美就美在"似水柔情"。作为女人,你尽可以潇洒、聪慧、干练、足智多谋,但有一点不能少——温柔。温柔能把一切愤怒、误解、仇恨、冤屈、报复融化掉。在温柔面前,那些吵闹吼叫、斤斤计较、强词夺理、得理不饶人,显得那么可笑、可怜。

1. 英雄难过温柔关

温柔是女人的天性，是女性最动人的一种气质。温柔像春风细雨，像娇莺啼柳，像舒卷的云，像皎洁的月，更像荡漾的水，让人情不自禁身陷其中，欲罢不能。朱自清在《女人》一文中对女性的温柔作了绝妙的描绘："我以为艺术的女人第一是她的温醉空气，使人如听着箫管的悠扬，如嗅着玫瑰的芬芳，如躺在天鹅绒的厚毯上。她是如水的蜜，如烟的轻，笼罩着我们。我们怎能不欢喜赞叹呢？"徐志摩的诗也说："最是那一低头的温柔，似一朵水莲花不胜凉风的娇羞"，写尽温柔之美，让读诗的人都为之心神一荡。

老子曰："天下至柔，驰骋天下至坚。"即天下最柔弱的可以战胜天下最刚强的。女性的温柔不仅是天生的气质和魅力，更是女性无往而不胜的利器。

在生活中我们经常会看到，一个性格刚硬、脾气暴躁的硬汉，偏对一个弱不禁风、楚楚可怜的妻子言听计从，瞬间画风突变，柔得像要化出水；一个高大威猛似乎无所不能的大汉，却最怕女朋友掉眼泪，女朋友一哭，他保准束手无策，除了乖乖听话，别无他法；许多看似铁骨铮铮的硬汉，天不怕地不怕，可一面对女性的温柔，就完全失了章法，败在温柔乡里……所谓"英雄难过温柔关"，大抵就是这个意思。

> 琴琴天性温柔，人也长得娇俏可爱。每天把自己打扮得漂漂亮亮，说话轻言细语，走路轻脚细步，待人接物也是温和柔顺，亲切细腻，一副小鸟依人的模样。她的这份如水的气质让她走到哪里都很受欢迎，特别是受异性欢迎。

温婉如春，温柔是女人的第一法宝 第一章

正是她的温柔，俘获了男朋友周强的心。周强身材高大，是个帅气阳光的男孩子，就是脾气有些急躁，大大咧咧的。他的眼光也是很挑剔的，很少有他看上眼的女孩，所以之前一直没有女朋友。一次通过朋友认识了琴琴后，周强被彻底征服了，开始狂追琴琴，并且在琴琴的影响下，不知不觉间自己的脾气也变得柔和多了。两个人在一起，轻声细语，情话绵绵，说不出的恩爱和甜蜜。结婚后更是如此。周强要是加班，一定会收到琴琴体贴的短信；下班回到家第一眼看到的也肯定是琴琴温柔的笑脸，听到的肯定是琴琴关心的问候，吃到的是琴琴精心准备的饭菜……不论周强在外面有多少委屈，只要回到家琴琴温柔地问候一声"你回来了"，他便忘了一切委屈和烦恼，只觉得生活幸福无比。结婚几年，两人从来没有红过脸，没有吵过嘴，别人都说，周强像变了一个人似的。周强笑着说："是的，我变得幸福了！"琴琴就在一边微微地笑，羡煞旁人。

女性的温柔对男性来说，是一种无比迷人的美丽和魅惑，让他无从抗拒，因而温柔也是征服男性最有力的武器。一位诗人说，"女性向男性进攻，温柔常常是最有效的常规武器"。《红楼梦》里，贾宝玉曾经说过这样一句话：男人是泥做的骨肉，女人是水做的骨肉，再强硬的泥若遇柔情的水都会软化。当然，也只有软化之后的两个人，才能真正融为一体，你中有我，我中有你，才有绵绵的幸福、甜甜的生活一直相伴。

温柔，是男性最希望女性拥有的特质之首，超过美貌，超过才华。我曾经让我的男性朋友做过这样的选择：有两个女人，一个漂亮、性感但是脾气暴躁，另一个外表平平，没有什么过人的能力，却温柔体贴，如果只能选一个的话，你会选择哪一个？

不少男性朋友毫不犹豫地选择了后者,当我问及原因时,他们这样回答:"外貌不可能永远保持下去,但是没有能力却可以努力培养。如果让我整天面对一个喜欢大吵大闹的女人,我可能会疯掉,我绝对不会想要那样的生活。"美国家庭委员会主席德勒克·塔克博士曾经做过这样一个调查,调查显示:90%的男人在谈论到自己心目中最理想的女伴时,都将温柔列为必不可少的条件。

其实不仅仅是男性喜欢温柔的女性,所有人都偏好温柔的女性。美国著名的心理学家麦克·肯特说:"一个自私、贪婪、任性的人,如果学会了温柔,那么她一样可以交到很多朋友,但是一个身上聚集着无数美德的女人,如果她不懂得温柔,那么她也不会受到很多人的欢迎。我不知道最根本的原因是什么,但是我知道,人们都喜欢温柔的女人,这就是事实。"

温柔是一个女人性格修养的外在体现,她们优雅高贵的魅力就在她们温柔如水的一举手一投足里,让人为之着迷,为之倾倒。

我的一位好朋友春然,就是这样的一位女性。她是一家企业的文秘,相貌平平,工作一般,家世也不起眼,但就是这样的一位女性,却赢得了很多人的芳心,其中不乏一些钻石王老五。我曾经问过她原因,但是她本人也很迷茫:"我也不知道他们为什么会喜欢我,我只是在按照自己的风格做事而已。"于是,好奇的我去向她的追求者们了解答案,有很多人都给出了同样的回答:"春然是一个很温柔的女人,相信她结婚以后,肯定会是一个好妻子,一个好太太。"答案就这么简单,温柔二字足矣。

"温柔"这二字,很自然而然地就和关心、同情、体贴、宽容、细语柔声等联系在一起。温柔是一种无形的巨大的力量,它能够把一切愤怒、误解、仇恨、冤屈、报复都消融。在温柔面前,那些吵闹吼叫、斤斤计较、强词夺理、得理不饶人，统统都显得那么可笑。

作为女人，最能打动人的就是这种温柔。这是女人最独有的武器，哪个男人不愿意被这样的武器打倒呢？他们都渴盼着能感觉到那股如清风扑面一般的情致。

女性的温柔不但能运用在生活当中，它同样适用于工作，因为温柔在本质上是一种能力，一种创造的能力。

曾被任命为柯达全球副总裁的叶莺，是一位集美丽、智慧于一身的女性，她被称为世界500强中首位华人女总裁。在谈到自己如何获得事业成功时，叶莺告诉记者，她之所以能够让自己的事业如日中天，除了靠她的智慧以外，更多的是她会运用女性特有的温柔。她在加入柯达的第三天，就以大中华区副总裁身份从香港飞到汕头，为柯达已经持续3年、正陷入僵局的谈判进行努力。叶莺一到谈判桌前，立刻化作一朵"莲花"，声音轻言细语却直中要害，面带微笑却柔中带刚，以双赢的思维赢得了这次谈判，完成了与对方的合作。

瞧，温柔的力量就是这么强大，把温柔用于工作中，还能出现"柳暗花明又一村"的奇迹。

英雄难过温柔关，不论是生活中还是工作上，温柔都会是女性独有的强大武器，可以助你一路风顺帆正，一路顺畅。那么什么样的女人是温柔的呢？

（1）温馨细致

给人温柔感觉的女人都是细心的人。让很多人心动的不是一个人做出了多么惊人的业绩，更多的情况下，那种适时适地的细心关怀和体贴，最能叫人怦然心动。一同出门时，吃东西弄脏了手，她备好纸巾递上；衣服扣子掉了，一向细心的她正好带着针线……虽然都是些小事，但却于细微之处充分体现了一个女人的温柔和魅力。

（2）性格柔和

绝对不要一遇事不顺就暴跳如雷或火冒三丈。以柔克刚，是女人的最高境界。到了此境界，即使是百炼钢也能被你化做绕指柔。

（3）不懦弱

女人的温柔并不是懦弱，因为爱、因为理解，她可以忍受男人的坏脾气，可以不急躁、不粗鲁、不固执，但并不代表着毫无主见，任人摆布。她们顺从，但不盲从，不是凡事一味地是、是、是，在顺从之前，她早已将问题考虑得清清楚楚、明明白白，已经认同了对方的做法，才会尊重他的决定。

（4）学会体贴

女人的温柔是一种体贴。她把这种体贴化作一杯热茶或是热咖啡，当他工作了一天，刚刚进门，身心俱疲的时候，递上了这份体贴，即使他的心情再不好、受的挫折再多，这份知心的理解对他而言也是莫大的抚慰。男人不愿意让女人看到自己脆弱的一面，温柔的女人懂得用体贴表达自己的关怀，如果感觉对方有倾诉的欲望，就安静地坐在他身旁做一只温柔的耳朵，虔心聆听他的烦恼。如果感觉对方想独自一个人静一静，就轻轻地为他关上房门，给他独处的空间。用自己的心设身处地地忖度他人的心情和处境，并给予关怀与爱护。面对这样一份浓情蜜意，再冰冷的心，也会被温暖、被融化。

总之，温柔可以体现在各个方面，在女人的生活领域处处都能体现出温柔的特征。作为一个女人，通过学习，通过认识自己、认识社会和切身体会等途径，都可以培养出属于自己的温柔。

那么，如何做一个温柔如水的女子，让"英雄"也心甘情愿地俯首称臣呢？我们可以从以下几个方面入手。

（1）修炼你的外在：至少让自己看起来温柔一点

如果你想让自己显得温柔一些，就打扮得尽量柔和、精致一点。随便穿着一件大大、松松的T恤就出门的话，请相信我，这样的打扮也许会让你看起来很有个性，但绝非温柔。

（2）温柔你的内在：提升你的气质

温柔是一种外在的表现，如果内里粗糙不堪，表面的温柔也会没有什么大的作用。温柔应该是一种真性情，一种从骨子里散发出来的东西。

（3）温柔不代表"作"

我们说的温柔是一种做人处事的风格，而不是假惺惺、故作姿态的做法。另外，温柔只是一种做事的态度，一种风格，这和摇摆不定、做事没有主见是完全不同的。

无论如何，要记住：温柔是女性最大的力量。它除了让"英雄"拜倒在你的"温柔乡"里，还能既让你做一位让人爱慕的妻子，一位柔情四溢的妈妈，也可以助你的事业更进一步。所以，请多些温柔，去创造属你的那份灿烂人生吧！

2. 轻柔的语气是女人的最佳名片

女人轻柔的语气具有特殊魅力，但生活中不少女人懂得如何化妆、如何微笑，懂得根据场合穿衣搭配，却不懂得管理自己的语气，结果一开口，好不容易营造的温柔形象瞬间坍塌。

语气为什么会影响我们温柔的形象呢？多年前，心理学家经过研究得出这样的结论：一个人的语气决定了38%的第一印象，语气是在第一时间传递给别人的一张听觉名片。当人们看不到说话人的长相和表情时，这个人的音质、音调、语速的变化和表达能力决定了这个人说话可信度的85%。

男人纵然是钢筋铁骨，听到了女人的柔声细语，也许仅仅是一声低唤、一阵呢喃，就会心甘情愿地交出自己的城池，醉倒在女人温柔的声音里。二十世纪四五十年代，银幕上的玛琳·黛德丽与劳伦·巴考尔低沉沙哑、果断又婉转的语调，让男人们魂不守舍，一时成为女士们争相模仿的对象。

在中国流行乐坛的道路上，有一个名字始终无法绕过——邓丽君。邓丽君是20世纪80年代具有相当大影响力的歌手，是华语乐坛和日本乐坛的巨星，也是最负盛名的华语和日语女歌手。

平心而论，论美貌邓丽君不能说是风华绝代，但她温柔、亲切可人的形象，甜美圆润、温婉动听的语调，令人印象深刻。她用完美的音色演绎出无数传唱至今、余韵绕梁的歌曲，如涓涓细流般缓缓地涤荡着心扉，使人觉得聆听她天籁般的歌声是种美妙的享受。

至今，邓丽君已经故去多年，但是她那独有的甜美声音、亲切可人的外形、温柔细腻的内心，依旧留在人们的记忆深处，也深深影响了几代人的成长。

的确，语气的感染力十分强大。语气轻柔的女人，我们总会下意识地认为她是温柔如水的女子，即使她的相貌不那么美，气质不那么动人，我们也会心有好感，情不自禁地被她吸引。而一个语气粗俗的女人，很难得到别人的好感。

轻柔的语气是女人的最佳名片。我们要想成为温柔如水的女人，获得他人的青睐，在拥有了仪容美、仪态美的同时，也要有意识地进行语气练习。如此，也就等于给自己的形象镀了金，一定会增加你的魅力。

或许有人会说，语气是与生俱来的，没有办法改变。其实，虽然我们每个人从出生开始就拥有自己独一无二的嗓音，但是通过后天长时间的发音训练，我们是可以提高自身的音色和音质，使语气变得悦耳动听、富有魅力的。当然，这需要你自觉地去练习、去坚持。

（1）不要拿腔捏调

有的女性的娃娃音虽然听起来有点儿嗲，但配上温柔的笑容、礼貌的姿态，并不让人有做作之感。但是，如果你想要模仿出这种"嗲"，只会"东施效颦"。如果你年纪稍大，别人就会说你装嫩；如果你还是少女，别人就会说你模仿。总之，拿腔捏调的女人让人觉得做作。

不论你的语气是高是低，是细是粗，是悦耳还是嘶哑，都要尽量保持自然，不要硬去改变天生的东西。在这个基础上再加以修饰，说话时态度要亲切温和，语调要柔和。不妨平时多读一些优美的文章、诗篇，文字会带动你的感情，让你的声音越来越动听。

（2）不要阴阳怪气

因为情绪所致，女人会故意用语气表达不满或讽刺。不过对方难受的同时，也会觉得你是个刻薄的女人。如果周围还有其他人，他们也会暗暗心惊：真没想到一个看上去温良的淑女会这么刻薄，今后跟她接触一定要小心了。

阴阳怪气的语气会让人在很长一段时间记住的不是你的柔声软语，不是你的侃侃而谈，而是你那尖酸的语调和刻薄的口吻。不论遇到什么事，就算你再生气，也不要阴阳怪气地说话，保持一个平和的心态，你的语气才会发挥出最柔美、最舒服的效果。

（3）声音不要过高

女人因生理原因，声音尖细，当突然大声时，会变得刺耳，也会让你的形象大跌，更会让人觉得你大惊小怪。特别是成熟女人，声音一定要以"稳"为基础，试着让你的气息稳一些，声调适中，语速适中，你也会拥有抓人耳朵的轻柔语气。

3. 温柔的女人，首先能够控制自己的情绪

在说到女人个性的时候，往往有一个词会快速跃入我们的脑海，那就是：感性。的确，感性是女人最大的特征，表现为很容易受到他人影响，很难坚定自己的意图，遇事容易慌手慌脚、心浮气躁。

然而，没有人会认为一个惊慌失措、歇斯底里的女人是温柔的。一个真正令人欣赏的温柔女人，一个真正获得幸福青睐的女人，定是能够控制自己情绪的。也许你很有钱，能够买华丽的衣服和昂贵的珠宝，但是这些却无法使你变得温柔。温柔是无法伪装的，要想使自己成为温柔的女人，我们首先要控制自己的情绪。

想想也是，在我们生命的旅途中，会遭遇种种事情，倘若我们不能心素如简，控制自己的情绪，怎会给我们浮躁的心最温柔的安抚，带领我们去追求想要的生活呢？

对于现代女性来说，能够控制情绪不仅能修炼我们的温柔，还是一个女人有涵养的表现。遇到事情能否从容面对，最能看出一个人的能力和素养，也是最能展示一个人魅力的时候。一个女人要想温婉如春，就要学会最大限度地表现出沉着冷静。

关于情绪，有的人说女性是天生的情绪化动物。同男性相比，女性

的心思比较细腻,这就使女性更容易产生一些坏情绪。结果可想而知,因为坏情绪,心情完全被打乱了,所以能够控制不良情绪是女性平和生活的开端。

诚然,人都有七情六欲,连喜怒哀乐都不能随心表达,这种人生也太过于小心翼翼了。不过,若因喜怒哀乐表达失当而给自己招致祸端,这样的人生也很悲哀。换句话说,如果我们连自己的情绪都控制不好,又怎么控制自己的人生?

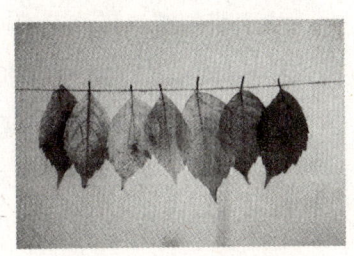

看一个真实的例子,你就一目了然了。

曾经,洛丽塔是电影界红极一时的女明星之一,她曾演绎过很多经典的作品。在银幕上,洛丽塔温文尔雅、温柔可人,用她那精湛的演技征服了一大批观众。正因为这一点,洛丽塔的狂热追逐者不在少数。但是,摄像机之外的她,却判若两人。因为她经常情绪失控,总是为一些小事情而抓狂、发脾气。熟悉洛丽塔的人都说,没有人能够招架得住她的暴躁脾气。

可以说,洛丽塔不会控制情绪在电影界是众所周知的。早在24岁那年,她就因为在片场与另外一位演员发生严重的争执并且拒绝向对方道歉而被解雇。不久之后,洛丽塔又因为和一位制片人在台词问题上存在分歧而大闹片场。据说,在洛丽塔的生活中类似这样的事情还有很多,比如因一场误会在公众场合大骂自己的经纪人,在下榻的酒店因为某些事和酒店工作人员吵得不可开交等。

在一次角逐国际电影节的最佳女主角时,洛丽塔被认为极有可能再次捧走桂冠,然而也有不少人持怀疑态度,他们认为洛丽塔不可能问鼎最佳女主角,这当然不是因为竞争过于激烈,而是因为她的坏脾气。当获奖结果公布后，正如那些持怀疑态度的人所说，洛丽塔并没有在这场角逐中胜出。

洛丽塔的遭遇可悲可叹吧？在现实生活，我们也会看到，有些女人因为各种各样的事情导致不可抑制的情绪，结果做出追悔莫及的事情。比如，因为老板的一句无心之语而意气用事，盲目地提出辞职；为了一个不一致的意见，冲动、发怒，闹得夫妻不和，最后分道扬镳。

不得不说，不能控制自己的情绪是件可怕的事情。它既摧残了我们的心灵，损害了我们的形象，也搅扰了本该良好的人际关系。所以，不管是面对工作、家庭、孩子还是友情，我们都要控制好自己的情绪，做一个温柔的女人。

关于如何控制自己的情绪，这里有一些方法，虽然不能够达到立竿见影的效果，但只要我们持之以恒，就能够慢慢地修炼自己。

(1) 冥想

冥想的功效有很多，这里我们只把它用来缓解情绪。冥想的方法主要分三步进行。

第一步：找一个安静的地方，以最轻松的姿势坐下，挺直上身，慢慢地闭上眼睛，把注意力集中到胸腔的部位；

第二步：慢慢地深呼吸三次，想象自己在一片广阔的草地上，也可以是蔚蓝的海边，或者你向往的任何地方；

第三步：在心里对自己说："生活很美好，我应该远离那些不必要的痛苦，扔掉压力，享受生活。"

我们要在轻松的环境下进行训练，如果走神，马上集中注意力就好了。我们不妨把不良情绪当成朋友，与他和睦相处，你的安抚会让他更加温柔，然后慢慢消失。

（2）放松

这个方法每天都要进行，最好是一天两次。大多数情况下，放松训练会给我们一个积极的反馈，并与不良情绪相对抗。具体分三步进行。

第一步：闭上眼睛，先收紧全身的肌肉，然后慢慢放松。

第二步：等到心情完全平静下来，我们可以默默地问自己三个问题：

我为什么要生气（也可以是焦虑、烦躁等）？

什么事让我生气？

这件事真的值得我生气吗？

第三步：对三个问题进行思考，我们会发现，事情并没有那么坏，所有的不良情绪完全没必要。

放松训练结束后，我们的心情就慢慢平复了。如果想让自己的不良情绪消失，那就要长期坚持训练了。

4. 聪明的女人，懂得倾听

人生在世，纷扰的言语涌进耳朵，有的深得你心，有的让你无所适从。但是不管如何，让你无所适从的话语一定会随时间飘散，你只要做到用心去倾听就好了。

学会倾听会让那些不和谐的音符被生命的奏鸣曲掩盖；学会倾听能让你的心境变得更平和，发现身边的美好。每天清晨，当阳光洒进房间，睁开双眼拥抱美好的一天时，我们就开始倾听这个世界了。

在倾听的过程中，我们会感知到生活的步伐不会被埋没在冬天的雪地里；纯净的心灵不会被寂寞吞噬，一个人也是一种美好；在倾听的过程中，我们学会体谅他人，即使是一句简单的关心，也足以让心中的乌云退散；在倾听的过程中，我们明白人生在世，每个人的得与失都是公平的；在倾听的过程中，我们发觉这个世界包容性如此巨大，所有的狂风暴雨，所有沧桑的时光，都只是一粒小小的尘埃，都只是一片随风飘落的秋叶……

生活是一首娓娓道来的歌曲，需要仔细聆听。

温柔的女人善于倾听，她们为人稳重，举止落落大方，充满人生的智慧。她们总是用一颗善良的心与人交往，以谦卑的态度融入大家的交际圈。她们有一颗珍贵的包容心，把倾听作为一种本能。

她是那样理智，不会贸然打断对方，着急说出自己的意见。

她是那样谦卑，认真地聆听对方的一字一句，颔首微笑。

她是那样用心，在对方讲话时认真地看着对方的眼睛，随时讲出配合的话语。

她就像是和煦的春风，当她走过，恰如春风般穿过我们的发丝，拂过我们的脸庞，安抚着我们浮躁的心，把安静和美好带给我们。

大家一定非常愿意和这样的人做朋友吧，人生中有这样一位挚友是何等乐事。

陈夏是一个温柔的女生，她非常善于倾听，因此她的好友非常多，并且每个人都把她当成知己。有开心的事和她分享，有难过的事对她倾诉。有一天，一位朋友敲开陈夏的家门，朋友哭得梨花带雨，一坐下来还不停地叹气。陈夏什么话都没说，默默地为她递上一杯热牛奶，坐在她旁边，耐心地倾听。

原来，这位朋友在公司遇到了小人，工作上出了很大的漏洞，差点连工作都保不住了。更让她难以接受的是，自己的父亲突然因病入院，真是屋漏偏逢连夜雨。朋友觉得人生无望，甚至有了轻生的念头。她不停地说着，陈夏安静地听着，用一种感同身受的表情看着她,时不时地点头以示回应。

慢慢地,朋友的情绪似乎已经冷静下来,眼泪也差不多流干了。陈夏微微一笑,给了朋友一个大大的拥抱。陈夏对朋友说:"怎么样,把烦恼说出来,感觉好点了吧。"朋友收拾干净茶几上的餐巾纸,对陈夏说:"是啊,感觉好多了,来你家路上我真想有辆车把自己撞死算了,现在回头看看,好像也没什么大不了的。"

陈夏紧紧握住朋友的手,温柔地对她说:"记住,不管发生什么事,你还有我,还有身边的好多朋友。"接着,她们一起讨论要如何解决工作上的损失,向主管说明真相,让小人得到应有的惩罚;至于父亲的事,朋友跟母亲联系后得知父亲的病情已经稳定了,没有大碍,便放下心来。

几年之后,朋友由于工作业绩突出得到了晋升,父亲的病也完全康复,她还建立了完美的家庭。但是,她永远不会忘记那个绝望的夜晚,是陈夏的那一份真诚和倾听,让她从阴郁中走了出来。

没错,倾听是心灵与心灵的对话,是灵魂的互动。倾听是对他人最好的尊重。学会倾听,能让女人成为人生的强者。有思想有内涵的女人,说出的话才会掷地有声。

倾听不仅是一种沟通技巧,也是一门生活艺术。长袖善舞的人,虽然舌灿莲花,口若悬河,但因为说话太直截了当,夸大其词,油嘴滑舌,往往会祸从口出,说多错多,让人厌烦。然而,学会倾听,则能让你"兼听则明",注意倾听,才能听出对方的言外之意,在交流的过程中考虑他人的感受,减少幼稚的发言,减少不必要的误会。

做一个善于倾听的女人吧,听听父母对自己的期望,让父母感到宽慰;听听丈夫对工作的抱怨,让丈夫感受到体贴的滋味;听听同事的苦恼,加深彼此之间的交流;听听孩子天马行空、充满想象力的语言,让孩子觉得自己是被重视的；有时还可以听听陌生人的话语，让自己成为一个善解人意的女人。

你也许会问，不就是倾听吗？谁不会听呢？既然如此，那就多听听吧。可是我们要走出一个误区，"倾听"和"听见"不一样。倾听的时候，虽然不用发表意见，但是大脑依然要思考，双方依然在交流。在倾听的过程中，要认真理解对方说话的内容，仔细体会对方的言外之意，然后给出自己的见解，达到倾听的效果。倾听是一种交流的方式，而听见只是个单调的动作，就如耳旁风一样，话说完了就没了。

因此，从现在开始，改变自己，学习倾听的技巧。

(1) **学会体会对方的话外音**

在与他人交流的过程中，我们常常会听到一些意义被精简了的话，或者话里有话，因此我们必须通过当时的环境和以往的人生经验，去理解这次对话的真正含义。有时候，环境提供的信息比字面意思丰富多了。比方说，某位员工应该9点上班，但是她却经常迟到，常常9点半，甚至10点才来，领导忍无可忍，对她说："都几点了！"这句话的意思并非是在问你时间，而是在警告你上班已经迟到了，下次不要再犯。

(2) **学会抓住谈话重点，理清思路**

通常来说，一个思维敏捷和沟通能力都很强的女人在与人交往时，她能快速而准确地抓住谈话的重点。同时，她能理清思路，就事论事，字字珠玑，句句在理。想要达到这种境界，我们除了平时多看多听以外，特别要注意，在倾听时，不要光顾着看对方的表情，重要的是要听内容，抓住对话的关键词，这样才能提高沟通效率。

(3) **认真揣摩说话者的真正目的**

在日常交往中，我们经常会遇见一些讲话转弯抹角的人，这就要花些心思了。有些话语的真正意义是要结合当时的语境去体会，去理解的，这一点对听话者的人生经历要求很高。

女人想要学会倾听,除了要掌握这些技巧,还要对自己的行为举止进行改进。倾听时直视对方的眼睛,眼神不飘忽不定,努力用眼神传达自己的讯息,但是要注意不能呆滞地盯着对方,这会让对方无所适从。

5. 化百炼刚为绕指柔

乍一看,"百炼刚"与"绕指柔"本属于两个极端,够将二者合二为一势必要有一种超常的能力才能办到。如果女人能够拥有这种能力,那么就更容易成就成功而幸福的人生。

做到这一点关键在于恰当地示弱。心理学家指出:人们最迫切的愿望,就是希望自己的价值得到他人的肯定,自己能受到重视。而向人示弱正是一种让对方感觉到自己价值的最佳方式,能够给对方带来极大的心理优越感。它更是一种心理策略即大智若愚的智慧。它能够给人与人的交往带来积极效果。

>办公室的小倩是个很要强的姑娘,我原以为她有着那种很强势、很独立的性格,直到被我撞见几次她请求男同事帮忙的情景,我才知道她并不是像她表面上的那样强硬,而是很会利用自己优势的人。即使有他人在场,小倩还是那副可怜巴巴的样子,一会儿对男同事发嗲请求,一会儿表示自己委屈害怕。男人都是保护欲很强的动物,看到无助的女同事怜爱之心顿时被激发,几句话就被征服了。

当时感觉小倩真是一个矫情会装的女人，后来仔细想想小倩的情商还真是高，不仅解决了自己的麻烦，无形中也拉近了与同事的距离。

女强人，是对事业上做出成就的女性的一种称呼，她们成熟、冷静、不冲动、不幼稚、善于交际，有时候还有点孤高、心高气傲。对于这样的女人，不少人既佩服又有些畏惧。其实，作为"女强人"，更要懂得收敛自己的强势和锋芒。太强势的女人不容易收获幸福的婚姻。

在我们身边，有不少女性，在自己的行业领域确实是优秀人才，在职场上勇于和男人较量，一副巾帼不让须眉的英姿，着实令人佩服。但在选择对象时，却也百般挑剔，处处咄咄逼人，情感之路颇为周折，结果往往对象越挑越没得挑，只能待字闺中忍受孤独！据相关数据显示，上海单身女性已近100万，创世界之最。为何有房有车的单身女人也愁嫁呢？有关专家分析指出，有车有房的单身女人，大多是有稳定收入、体面工作、生活环境舒适幽雅的白领，她们总认为自己很优秀，而自视过高，因此，择偶眼光也高。对男方的长相、才华、学历、经济、心理、地域等各方面都很挑剔，且习惯于只重视自己的感受，越来越自我，结果择偶范围狭窄，难于找到如意郎君。

越是事业成功的女人，越要懂得示弱。女强人们千万不要把职场上的咄咄逼人带回家，在爱人面前，要懂得迅速转换角色。这才是真正的高情商，而这样的高情商回报给自己的必然是事业的成功、生活的幸福。

英国前首相玛格丽特·撒切尔夫人便是女人们的典范。在政坛上她有"铁娘子"之称，在决策和处理国家大事时敢大胆、雷厉风行；而回到家里，她便成为一个为老公做饭的温柔的家庭主妇。

玛格丽特绝对是一个有气场的精明女人。虽然她出生在一个普通的家庭，但在24岁那年，她却当选为达德福特区的保守党候选人，这在当时讲究门第观念的英国是十分罕见的。然而一向对政治富有极大热情的她想在政坛上继续发展。

撒切尔夫人的丈夫丹尼斯是一个喜欢政治的实业家，也是有名的"贤内助"。撒切尔夫人是叱咤政坛的"铁娘子"，不是温柔的小女人，但是她与其夫丹尼斯的爱情生活却是美满、和谐、幸福的。他们的女儿卡罗尔曾说："母亲一生最爱的只有两个：一个是唐宁街10号，一个是父亲丹尼斯。"

尽管世人解读，一心从政的玛格丽特选择一个"有钱人"做丈夫有其势利、世俗、现实的一面，但两人伉俪情深几十年，可见两人的婚姻恐怕不是"政治与经济的联姻"那么简单。

撒切尔夫人无疑是一个政治上的"女强人"，这种强势也体现在生活中。但她的高情商帮了她，她懂得在生活中示弱，一改女强人的形象，收获了丈夫的爱情。有一个故事在英国家喻户晓：撒切尔夫人第一天出任英国首相，参加完就职典礼后回家，"嘭嘭嘭"的敲门声惊动了正在厨房为老婆摆庆功宴的撒切尔先生。"谁啊？"撒切尔先生随口问了一句。"我是英国首相！"刚刚荣登首相大宝座的撒切尔夫人得意洋洋地大声回答。结果，屋里半晌无语，也没人来开门……撒切尔夫人恍然大悟，她清了一下嗓子，重新说了句："亲爱的，开门吧，我是你太太。"这一回，声音不高，但很亲切，不一会儿，门打开了，她赢得了丈夫一个热烈的拥抱……

结婚后，她竞选上院议员时遭到拒绝。丹尼斯鼓励她说："你的劣势就是你的性别。但如果你能够好好利用女性魅力，它将成为支持你的力量。"丈夫的话，是撒切尔成为"铁娘子"最初的动力。玛格丽特听从了丈夫的建议，开始精心打扮自己。

她染了头发,穿开领上衣和短裙,开始有意识地运用自己的女性魅力,在恰当的时候示弱,她的政治生涯也更加顺畅起来。

张爱玲说,善于低头的女人是厉害的女人,越是强悍的女人,示弱的威力越大。男人的天性中有种保护欲,同情弱者,怜香惜玉。"最是那一低头的温柔,像一朵水莲花不胜凉风的娇羞。"女人的微笑、娇羞和眼泪,绝对是俘获男人怜惜动心和全力支持的法宝。

从撒切尔夫人身上我们看到,刚柔并济的女人很动人,也最容易获得成功。

世上的任何事物都具有辩证的关系,"阳刚"和"阴柔"也是这样。"阳刚"亦可柔,"阴柔"亦可刚。如果说撒切尔夫人是依靠"阳刚"而在政坛上声名鹊起、依靠"阴柔"在婚姻中获得幸福的话,那么有的女人则是靠"阴柔"赢得了处世中的成功。这是一种人生的大智慧,能够参透这个道理的女人,便可以将这种力量运用于自己的人生之中,为自己的成功更添一分把握。

女人的"阴柔"之美表面上来看,就是女人与生俱来的生理、心理上的一种脆弱感,然而在这种脆弱感之下却常常隐藏着一种强大的力量。如果女人能够唤醒这种力量,再善加利用,用自己的敏感去觉察环境的危险,用自己的细腻去精心计划防御,便更容易赢取最大的利益。

如何做到刚柔并济呢?下面几点建议可供参考。

(1) 通情达理

通情达理绝对是女人柔韧的最佳表现方式。通情达理的女人对人一般都很宽容,为人谦逊,对人体贴,凡事总是喜欢替别人着想几分,也绝不会让别人难堪。

(2) 富有同情心

富有同情心是女人的柔韧在为人处世中的集中体现。她们对弱者、境遇不佳者总是表现出应有的同情心，并尽可能设法帮助他们解决困难。

（3）温柔细致

有时候，即使女人做了再怎么惊人的业绩，也比不上她适时地流露出来的那种细心的关怀和体贴更让人怦然心动。

（4）性格柔和

性格柔和的女人不会遇事不顺就暴跳如雷，火冒三丈。以柔克刚，这是女人处世的一种智慧，既然上天赋予了女人这种"四两拨千斤"的力量，那么化"百炼刚"为"绕指柔"也就不在话下了。

第二章

活在当下，眼前的就是幸福的

大多数女人觉得，幸福总是在远处，总希望放一放、搁一搁、等一等，总是说等有钱了、不忙了、有房了、升职了……再怎么怎么样，总之觉得幸福的时机是在等待之后的下一次。其实，幸福就在我们身边，就在当下这一刻。它可以是一个微笑，也可以是一顿丰盛的晚餐，还可以是每个夜晚香甜的睡眠……眼前的就是幸福的。

1. 珍惜当下的自己

据心理学家统计,大多数女人用46.9%的时间去胡思乱想,而这段时间最不快乐,即使想的是愉快的事,也容易让人陷入伤感、哀伤等消极情绪中。比如,人们很容易用曾经的快乐对比现在的平淡而哀伤。

也就是说,如果我们能够调整自己的心态,让自己活在当下,我们的幸福感会大幅提升。活在当下是一种积极的、能带给我们幸福的心理力量。

女人的一生就像一本永远读不完的厚厚的书,书中的内容时而让女人开心,时而让女人难过。而且,很多事总是在不经意间改变了女人的生活轨迹。也许在女人看来已经完美落幕的故事,突然之间又会来一段异常糟糕的插曲;也许某件事在女人认为不可能达成时,又出现了新的转机。

这就是阴晴不定的善变的人生,这样的生活教会女人要留住眼前的蔷薇花,守护眼前的美丽与幸福。在花儿盛开的时候女人要用所有的热情去欣赏它,爱护它,珍惜它,这样才不至于在花儿凋谢的时候感到惋惜,因为你已经欣赏到了它极致的美并为留住这份美丽付出了你所有的努力。

马楚刚大学毕业时,由于找不到合适的工作,便和几个朋友一起在深圳摆地摊、开小店。总之,生活并不顺心。马楚也曾一个人在南方潮湿的天空下为明天忧虑;也曾一个人在孤寂的黑暗里彻夜难眠;也曾在受了莫名的委屈之后忍着悲伤给家里报平安。

有一次,马楚因为淋雨而发高烧,一个人躺在小诊所里,身边没有一个人陪伴。外面的雨一直淅淅沥沥地下个不停,那一刻,马楚心中的悲凉和失落几乎让她无法承受。马楚感觉命运特别喜欢跟自己作对,一次次让她被动地承受突来的变故,总不给她想要的生活。

或许是一次次无奈的承受,让马楚明白自己现在的力量还太薄弱,必须脚踏实地地去积累,只有自己强大了才能保护自己。正是那一次次困境,让马楚明白人生本来就不可预测,她必须活在当下,让自己度过的每一刻不留遗憾;正是那一次次挣扎,让马楚懂得如何走向终点,如何面对各种状况从容淡定,渐渐成为一个有阅历和经验的人。

马楚经过一次挫折就懂得了"珍惜当下的自己"的道理,但在现实生活中,很多女人总是有很大的梦想,盯着很远的目标,无法脚踏实地去走好脚下的每一步,她们往往眼高手低,小事瞧不起,大部分时间都沉浸在自己宏伟的梦想中,结果一事无成。

女人要学会珍惜当下的自己,这样才能让生活时时处处充满舒适和惬意。要使你的人生没有遗憾,就要用心去珍惜生活中所拥有的一切。只有懂得把握当下,珍惜现在,女人才会感到幸福。

女人的幸福感来源于对眼前美好世界的珍惜。清晨的薄雾、含羞的花朵、温暖的阳光带给了女人不同的美丽新世界。

女人的幸福感来源于对握在手心的爱的珍惜。父母无私的爱、朋友真挚的爱、孩子单纯的爱带给了女人幸福的感动。

总之,女人的幸福感犹如盛开的蔷薇花,唯有珍惜当下的拥有,美丽瞬间才会永远在心底绽放。

遗憾的是,大多数女人都觉得自己的幸福是在过去或者未来,而不是当下。显然,认为幸福已经过去的人往往是经历过什么变故,一时难以接受巨大的落差。然而,这一切只是暂时的。

胡小菲曾经有一段时间因一位生命中至亲的逝去非常痛苦,她感觉曾经彼此在一起的幸福时光再也不会有了,她甚至觉得没有了继续活下去的力量。为此,她向心理医生寻求帮助。心理医生告诉她:"其实,现在任何人说什么,作用都是非常有限的,但是你一定会从伤痛中痊愈,无论现在这痛苦和悲伤有多么强烈。在时间的流逝中,适应环境的心理本能会发挥出它的作用。"

后来,她用了很长的时间来适应失去至亲的生活,平复了悲伤,生活的动力也恢复了过来。而她曾经以为的"幸福已逝"只不过是当时的片面性看法,现在的她依然幸福。

适应性是人的本能,它能够帮助你走出痛苦,平复哀伤。但是,它也会让我们对当下的幸福视而不见。因为太过熟悉,所以习以为常,不再放在心上。

比如,每天都与家人在一起,被他们关爱,但因为这是习以为常的事情,便不觉得这是一种莫大的幸福。直到有一天,由于某种原因而独自一人漂泊异乡时,我们才意识到与家人为伴是一种多么大的幸福。只是当时自己的所思所想往往是另外一种幸福,如事业有所成就,追求到自己喜欢的人等。

人就是这样,因为太过熟悉、适应而忽视了当下的幸福,总是在想过去、想未来,在胡思乱想中蹉跎了已经拥有的幸福时光。渴望幸福的我们,需要让自己活在当下。当然,这并不是一件容易的事。

珍惜当下、活在当下,这是感受到最真实的幸福的前提。那么,我们是否在日常生活中做到这一点了呢?珍惜自己的父母、爱人、孩子,珍惜倾洒在你我身上的阳光……当我们学会了珍惜身边的点点滴滴,我们就会懂得品味它们、欣赏它们、关注它们,我们知觉的能力也会一点一点被唤醒。

为此，我为大家提供两个方法，大家不妨参考一下。

（1）品味当下，尽量少陷入对未来或过去的思绪中

当你在喝一杯咖啡时，别去想它没有你曾经喝过的可口，也别制订目标——明天我要喝更加可口的咖啡，只需要品味当下——咖啡厅里音乐悠扬，夕阳透过玻璃窗洒进来，咖啡杯晕着夕阳的华彩，咖啡勺与杯子轻轻碰触，发出"叮——"的一声轻响，你将牛奶加入咖啡中，白色就在棕黑色的咖啡中一点一点散开……这一切真是美极了，让身处其中的你感到宁静而幸福。

（2）关注自我呼吸，培养关注当下的心理习惯

将注意力集中到自己当下的感觉上，能够帮助人们平和心境，抵御不良情绪。对于唤醒活在当下的心理能量来说，没有比关注自己的呼吸更好、更简单的方法了。呼吸是与我们时刻相伴的东西，因此，关注呼吸能够有效地帮助我们将自己的精神集中于当下。虽然，这需要我们有意识地来完成，并且能够维持的时间往往也不长，但是时常这样做有利于让潜意识形成关注当下的心理习惯。

2. 管理好自己的时间

一个活在当下的女人，应该是一个时间管理的高手。时间对于我们每个人来说，都是平等的。每个人一天的时间都是24小时，没有人会多一分钟或少一分钟。从这个角度来说，决定个体生命高度和质量的，不是时间

本身，而是把握时间的能力。我们可以通过对时间进行管理，克服掉浪费时间的坏习惯，从而更有效率。

我们经常看到有些女人整天忙得不可开交，似乎总都有忙不完的事情，但是却不见得有多大成效。仔细分析，她们不是忙得没有时间，而是没有管理好自己的时间。美国的时间管理之父阿兰·拉金说："勤劳不一定有好报，要学会掌控你的时间。"

秦立梅毕业后应聘到一家信息咨询公司，被分配到这家公司新开设的汽车信息部跑业务。秦立梅工作上没有比别人少出过一分力气，但并没有发展多少客户。公司采用的是佣金制，即按完成工作量多少发相应数目的薪金，由于没有多少业绩，发薪的日子到了，看到别人兴高采烈，她却只能独坐一隅。秦立梅感到很苦恼，于是向领导求助。领导问："你是不是每天都在很忙碌地工作？"秦立梅回答说："是啊，别人上班我也来上班，别人下班了我还不见得下班呢。"领导继续问："那你每天的工作流程是怎样的？"秦立梅想了想，说："你知道，我们做业务的联系客户是第一位的，我每天早上一起来就给客户打电话，一直要打到中午十二点，然后下午再整理我的文件，第二天早上依旧打电话……"

秦立梅说到这里，领导打断了她的话，对她说："这样吧，你明天上午来公司什么都不要干，你要做的就是在下午的时候联系顾客，然后次日上午整理文件。"自己辛苦工作都没有好业绩，而领导却让明天上午什么也不做，这样行得通吗？秦立梅将信将疑，但最终她还是按照领导的方法去做了。结果，没几天秦立梅就发现自己的业绩有所好转。这让她感觉很意外，又去找领导请教这里的奥妙。领导对秦立梅说："你原来工作业绩不好的原因在于你的工作时间不太合理，也就是你在上午的时候联系客户。你想想，这个时候客户要么在上班的途中，要么干脆还在睡觉,你选择此时联络他们,能有好的效果吗?事先分配好时间才能事半功倍啊。"

对于时间管理的精确把握,来源于活在当下精神,这种精神不是一味蛮干的自我约束,而是对时间的支配。尤其当你面对堆积如山的工作时,先不要慌慌张张,而是要思考如何高效率地分配时间。只要事先分配好时间,并安排事情的先后顺序,我们就能摆脱忙碌紧张的状态,轻而易举地处理好问题。

的确,每一个人的精力和时间都是非常有限的,只有将主要时间与精力放在最重要的事情上,才能达到事半功倍之效。这就管理学上的"二八法则",即意大利经济学家帕累托所提出的80/20法则,即要把80%的时间花在能出关键效益的20%的事情上。忙到点子上,惊出高效来。

一个有着非常好的时间观念的女人,对于时间有着非常强的紧迫感,因此总能主动地把握时间、规划时间、管理时间,能高效率地利用好自己的时间,在有限的时间内做最重要的事情,如此也就能处处展现出泰然自若的魅力。

向女士是一家著名企业的经理,她并不是工作狂,但她业绩斐然,逍遥自在。她每天有那么多事情要处理,还能将自己的时间安排得有条不紊。她不但能抽出时间阅读自己喜欢的书籍,以休闲娱乐来调剂身心,还有时间带着全家出国旅行。关键就在于她比别人更善于管理时间,并将它有效地运用。

向女士的手上从不同时处理三件以上的急事,通常一次只处理一件,其他的则暂时摆在一旁。而且她会把大部分时间拿来思索那些最具价值的工作,比如公司的总体发展规划、年度工作任务、行业发展前景等;她只参加重要客户的会议,走访一些重要的客户,然后,把所有精力拿来思考如何实现与重要客户的交易,以及公司如何能够获得最大利益,接下来再安排最少人力达成此目的。

对此,向女士说:"我所做的一切,都必须是我认为最重要的。以重要顺序展开工作,就能够将工作做到最好。如何在同样的时间内做更多的事情,这是值得每一位希望有效管理时间的人认真思考的问题,因为只有这样才能使自己获得更多时间,能赢得自己的未来……"

分清轻重缓急,设计优先顺序,这是管理时间的精髓。那么,职业女性要如何管理好自己的时间呢?

(1)定制生活目标,按照重要程度排序

为你的生活制订目标,如果你一直漫无目的地生活,那现在至少该想一个了。目标对有效的时间管理是很有用的,就像是大海中的航行方向,确定你生活的走向。如果你有太多的目标,那就认真地管理它们。你生活中的每一个领域都需要目标。

每一天,你都要有一个首要的目标。对多数人来说,这是工作的目标。但是,如果你身体健康有问题,那么健康就成为你最大的目标。有了目标后,就要制定完成目标的任务。如果你的目标是健康,那你就要每天计划如何锻炼身体。

(2)从小事做起,平衡工作和生活

一旦有了孩子,职场妈妈们就会觉得时间根本不够自己干任何事。这更需要安排好时间。陪孩子的时候专心陪,不要想着自己还要做这做那,等孩子进了幼儿园开始有了自己的小伙伴,妈妈的时间就会多一些。不用抱怨孩子耽误了自己的时间,该陪伴的时候好好陪着。等孩子睡觉以后,或者任何能自己玩不需要我们的时候,或者有老人或者阿姨能帮忙看一会儿的时候，再抓紧时间做点事儿。比如晚上八点左右孩子睡了以后，如果还想做点什么事的话，就从最小的工作量开始做起，比如看五页书，看一集电视剧，做一个简单的手工等等，让自己先有点成就感，慢慢跟着自己的节奏和精神状态增加量。事虽然小，但积累起来就比什么都没干要强很多。目标太大，身体疲惫会让自己非常累，但做不完又心里难受，看到别人天天都在进步，自己却天天只有围着孩子转，就会产生不良的情绪。

（3）每时每刻铭记你的最重要的目标

如果你的目标过多，那么就每天优先完成最重要的五个目标。最好把这五个列一个优先顺序表。

（4）用金钱衡量时间

如果你知道你的一小时值多少钱，时间管理就变得容易得多。如果一小时值600元，那么你就知道了在网上浪费的30分钟相当于300元。

（5）不要太执着于完美

你想把每一件事都做得完美无缺。但是，很多时候完美只能浪费时间。在适当的时候放手不是一件坏事。

（6）为每个任务设置一个时限

如果通常要花三个小时完成一个任务，那么，你可以将时限设置成三小时。你会惊奇地发现，你在时限内完成了所有任务。

（7）试着为每天的工作制定时间表

每天早上上班前，或者每天晚上睡觉前，为明天的工作制订时间表，这样你会更快地完成工作。

（8）将大的目标转换成几个任务分别完成

你可以将每个目标分成几个步骤完成，并且给每个步骤制订时限。这样你就可以很快地达成目标。

（9）可以将某项任务交给别人

比如像浏览邮件等工作，不是很重要，又费时，何不将它将交付给别人呢。

（10）给每个步骤制订时限

工作时限很重要。如果一个工作任务下达时，领导没有给你规定时限，你自己也应该设定一个时限。它真的很实用，你将会为自己变得如此高效率而惊奇。

俗话说："一寸光阴一寸金"，谁善于利用时间，谁的时间就会成为"超值时间"。不要被太多的琐事所缠绊，一定要留出足够的时间以备紧急工作的突袭。凡是在事业上有所成就的女人，都是会管理时间的人。学会管理自己的时间，在某种程度上可以说，这也是为了更好地享受有限的人生，活在当下。

3．迎接生活中的苦与乐

幸福的人生都一样，不幸的人生各不同。人生不可能十全十美，永远称心如意。遇到不顺心、不如意的时候，我们也要乐观地迎接。

桑兰，被誉为中国的"跳马公主"，深受大家喜欢。她本应该拥有一个光辉灿烂的运动员生涯，可是一次赛前训练，一个手翻转体动作的失误，结束了她的体操生涯。桑兰的伤势非常严重，双手和胸以下失去知觉，那一年她17岁。别人的17岁是灿烂的花季，可桑兰的17岁却是无尽的病痛。

桑兰苏醒后，从来没有流过一滴眼泪，重新回到大众面前时，她的脸上始终带着微笑。17岁的花季女孩，17岁的勇敢让人惊叹，她用乐观的心态征服了中国，征服了美国，征服了全世界……

桑兰的康复是一个漫长而又痛苦的过程，她忍着极大的病痛配合医护人员的治疗，慢慢地她的各个关节渐渐可以活动，肌肉力量也渐渐恢复，后来，她已经可以完成一些日常简单的动作了。

当然，最成功的还是她角色的转换。得知自己以后再也无法接触体操，桑兰并没有灰心丧气。在恢复活动以后，桑兰进入清华大学附属中学学习，她还把社会各界赠给她的价值百万元的各种康复器械和残疾人生活用品全部转赠给北京博爱医院和更困难的残疾患者。

19岁的桑兰，人生展开了另一幅美丽的画卷，幸福生活在向她敞开怀抱。她曾经跌倒过，她又站了起来。

命运无常，生活不可能总是一帆风顺，当我们运气差总是踩到雷区、当阴霾始终围绕着我们的时候，不妨以一颗平和的心去欣然接受它，我们可以在面对它的时候选择大哭或其他方式来减压，但是，仅此就好。

当我们心中积满怨气和仇恨，我们就像一颗定时炸弹，遇到一些小事，都可能引发矛盾，造成终身的遗憾。

苦与乐相互矛盾，又相互联系。就拿"乐"来说，花天酒地是一种乐，事业成功也是一种乐，前者是"俗乐"，后者为"雅乐"。对于女性来说，人生所需要的苦与乐是积极向上的苦中享乐。苦与乐，二者相互依存，是对立统一的关系。苦是乐的源头，乐是苦的归结。"不经一番寒彻骨，怎得梅花扑鼻香"。

对待困难也一样，被困难吓倒或逃避困难，这样的人生还有什么意义？而在困难面前站得起，顶得住，就表现出了我们女性坚强的意志。只有我们自己正确面对人生中的苦，在漫长的人生道路上正确处理好苦与乐的关系，才能享受到真正的幸福和快乐。我们要以苦为乐，甘之如饴，让苦与乐为我们的人生添上浓墨重彩的一笔。对于女性来说，当苦难来临，我们要如何面对呢？

（1）远离抱怨的世界，接受现实

一味抱怨，你会失去发现美好的双眼，看不到美丽的风景，其实拨开迷雾，你会看到，家人、朋友、社会，原来一切都是美好的。

所有生活不幸福的女人，几乎无一例外地都喜欢把这种状态首先归罪于别人，抱怨指责、发泄或是推卸自己的责任。有不少优秀的女士，自视甚高，自律甚严，在她们眼中，周围的人身上全是毛病，她们用自己的标准和好恶去衡量、要求别人。她们不乏精明，但少了一份聪明的糊涂和容人的胸怀。这样的人在处理某些果断的事情上也许还行得通，但大多数情况下不受欢迎。抱怨是一种惰性、一种推脱，为什么不让自己强大起来呢？学会接受，是个大智慧。这种接受要从接受自己开始，我想就算最完美最漂亮女人，都会对自己有很多不满意，比如一个眼睛很漂亮但嘴很大的女人，她可以有两种态度来对待自己的缺陷：一种是拼命地掩盖自己的嘴，另一种是尽可能地突出自己的眼睛。

美国心理学家艾利斯说："生命中最棒的时刻，就是你认清自己该担负责任的时刻；你不会再责怪你的母亲、大自然或者总统，你开始了解自己才是命运的主宰。"一个成熟的女人能够主宰自己的命运，在于她懂得接受，对自己的一切负责，知道如何去改善现状，而不是总在抱怨、责备和焦虑。

（2）正视自己，为自己准确地定位

世界五彩斑斓，我们每个人的角色定位都不相同，找准自己的位置，演好自己的角色。没有小角色，只有小演员，不抱怨，正视自己，才能不辜负自己。

（3）改变自我，发现全新的自己

不要做一只嘎嘎抱怨的鸭子，而要做一只豁达的鹰，你会看到，发生改变的，不仅是你的心情，而是你的全部。

对待命运的玩笑，除了恨，我认为还有一种最好的方式，那就是把磨难当成财富，当成经验，积极面对。

张爱玲曾经说过："生活是一袭华丽的袍子，里面藏满了虱子。"当我们面对人生的风风雨雨时，不如少些抱怨，因为这些抱怨只会让我们在黑暗的区域待得更久。当你走出阴霾时，你会佩服曾经的自己，没有因为困难而停止前进的脚步。

风雨中这点痛算什么，酸甜苦辣本就是人生的滋味。当你从跌倒中爬起，用实力和勇气去主宰自己的命运时，你一定会深鞠一躬，感谢那年那月，命运给你的所有刁难，让我们张开怀抱，积极迎接生活中的苦与乐吧！

4. 接受生命中的不完美

完美，是一种令人向往的境界。倘若是在某事某物上，尽可能地做得尽善尽美，倒也不失为一桩令人可敬可佩的事儿。可是，倘若过度去追求完美，事事苛求完美，事事想超越别人，稍微达不到期望的目标，内心就郁郁寡欢，深深陷入缺憾的自责之中，则会适得其反，给人不切实际、吹毛求疵之感。

中国有一句古话：金无足赤，人无完人。十全十美的人与事，在世间本不存在，过度要求完美，难免走入误区。可说来也怪，古往今来追求完美的女人比比皆是。

38岁的陈女士是一所重点小学的语文老师，一直忙工作，32岁才生宝宝。儿子5岁时，她就让其上小学，对儿子的标准永远是100分。有时孩子考了98分，陈女士都要训斥："我班上的孩子一半都考了100分，你为什么考不到……"久而久之，陈女士觉得自己非常失败，教得了别人的孩子，自己的孩子却十分愚钝。

一次期中考试，儿子只考了70分，陈女士悲愤之余留下一封遗书，吃了大半瓶安眠药自杀，幸亏发现及时，保住了生命。

陈女士就是典型的追求完美的人，她因太苛求完美，而将自己陷入尴尬、疲惫、失望和孤独之中。不接受不完美的人往往很难认识到也很难接受自己或他人的错误和缺陷，总是轻易地被羞愧击倒。

苛求完美很多时候是一种排斥、逃避现实残缺的体现。苛求完美往往给我们带来更多消极影响，而非积极影响。因此，高情商的女人，懂得安静地接受命运的馈赠，不断地追求优秀与完善自我，而不是抱怨命运的不公，或是忧伤自己的不足。

有一个女人单身了半辈子，突然在40岁那年结了婚。新郎和她的年纪差不多，但是已经结过两次婚。在朋友看来，她挺亏的。

有一天，她跟朋友出去，一边开车一边笑着说："我这个人，年轻的时候就盼望着能开宝马车，可是没钱，买不起。现在呀，还是买不起，只能买辆三手车。"

她开的是辆三手宝马车，朋友左右看看说："三手？看来很好呀,马力也足!"

"是呀。"她大笑了起来,"旧车有什么不好?就好像我先生,之前已经做过两次别人的丈夫了,可那又怎样?以前他玩世不恭,但经过两次失败的婚姻,他收了心,也学会了珍惜,现在的他懂得体贴家人,又会做一手好菜。说老实话,现在真是他最完美的时候,反而被我遇上了,我真是幸运。"

"你说得挺有道理的!"朋友陷入深思。

她拍着方向盘,继续说:"其实想想我自己,我又完美吗?我还不是千疮百孔,以前很娇气,还心高气傲,做过许多荒唐事,正因为这样,所以现在的我们变得成熟、懂得忍让和珍惜。我懂得接受我生命中的不完美,反而更幸福。"

正因为这位女士能够接受生命中的不完美,才不苛求丈夫的完美,最终找到了自己的幸福。从某种意义上看,人就是生活在对与错、善与恶、完美与缺陷的现实中,既然完美不可能,那么何不从缺陷中受益呢?

面对生活中的不完美、不如意,我们既不能放弃自己,也不要苛求自己。我们所能做的就是要勇敢接受不完美的现实,不抱怨,不懊恼,怀着一颗包容的心看待生活带给我们的不如意。

所谓:"没有最好,只有更好。"生活正是如此。那些追求完美的人被害怕失败的焦虑、压力束缚了手脚,他们固执、刻板,不仅给自己,也给他人设定了太高的标准,非要达到不可,受到挫折就感到很痛苦,不能接受。他们往往接受不了自己或他人的弱点和不足,甚至会因为一些小缺点而忽略了所有优点。

事实上,每个人都有缺点和不足,都会有紧张、不适的体验,这是正常的表现,我们要学会接受它们,顺其自然。如果非要和自然规律抗拒,

必然会愈抗愈烈。所谓"世界并不完美,人生当有不足"。留些遗憾,反倒可以使人清醒,催人奋进。

不完美是人生的一部分,我们越早接受这一事实,就能越早地向新目标迈进。凡事不苛求完美,踏踏实实,尽己所能,做到问心无愧就可以了。赖斯利说:"人生的意义不在于拿到好牌,而在于怎么样打好一副烂牌。"缺陷和不完美不一定都是坏的,有可能就是我们的长处和优点。若智慧地利用,可能还会给我们带来意想不到的收获。因此,要正视缺陷和不完美,包容缺陷和不完美。艰苦的日子总有结束的时候,心中充满希望,并继续为生活而努力的人,才能享有新的生命体验。

再进一步说,"完美"的女人并不可爱。心理学家做过一个实验:他们向社会上的男士描述两个女人,一个女人有很强的能力,崇高的人格,做事从不犯错;另一个女人经常会犯点错误。要求男士回答:这两个女人哪一个更可爱?结果绝大多数的男士都认为那个有时会犯点小错误的女人更可爱。

借用一位哲人说的话:"一味地追求完美,只会让自己离快乐越来越远。与其执著地追求完美不如接受生命中的不完美,并感受其中的美好。"

那么,我们应该如何坦然接受生命中的不完美呢?下面为女性分享几个自我接纳的方法。

(1)尝试着去了解别人

小时候,父母总是喜欢对我们说"看看别人家的孩子……",这会给你一种错觉:别人家的孩子都很好,就自己最差。事实上,每个人都有优缺点,或许他有的你没有,但同样,你拥有的他也不一定有。所以,尝试着去了解别人,你就会知道对方和我们一样,他也没有很完美,这样你接纳自己就容易很多。

(2)崇拜自己,不如认清自己

在我们每个人的生命中,都会遇到这样一些人,他们比我们完美,总是让我们用羡慕的眼光仰视着,并在心里暗暗发誓,总有一天也要成为他们那样的人。这是一种盲目崇拜。盲目地模仿别人是一件得不偿失的事情。不必费尽心思地追着别人的影子跑,只要你冷静下来认真地审视自己,你会发现自己身上也蕴藏着巨大的潜能。

 5. 请放慢你的脚步

当今时代,处处都体现着一种高效率,而长期生活在这种效率下的人们,难免由于压力过大而导致精神紧张,甚至情绪失控。有心理学家曾说:"现代人生活步调快得令人疯狂,如果不放慢脚步,那么总有一天会精神崩溃。"所以,我们不妨试着放慢生活的脚步,去尝试过一种慢节奏的生活,享受生活的真谛。

一只小鸟拼命地在天空不停地飞翔。大雁问它:"你要飞去哪里呢?飞这么快,歇会吧。""不,我得用力飞,因为我想去看看天的尽头是什么样子的。"说完小鸟便飞走了。途中,又碰到了乌鸦,乌鸦也劝小鸟停下来歇歇,但小鸟依然说:"不,我想早点去天的尽头看看。"

时间过了很久很久,在途中,碰到的很多小伙伴都劝小鸟休息下。但小鸟依然满心欢喜地一路前行,一心只想去天的尽头欣赏那美丽的景色。直到某一天,小鸟还是没有到达天的尽头,却突然发现自己已经飞不动了,原来自己早已年老体衰。它不仅感慨:早知如此,我还不如放慢脚步去欣赏沿途的风景,

修身养性 做心静如水的幸福女人

那该有多好啊……

生活中处处皆风景，最美的风景也并不一定只在终点。我们为什么不试着放下忙碌的脚步，用欣赏的眼光去感悟生活呢？为什么一定要给自己无限的压力去不停地寻找"天的尽头"呢？

菲菲是一家世界500强公司的销售主管，从一个普通的销售人员一路做到现在这个位置，真的是付出了很多努力。但最近几个月，她明显觉得自己开始焦虑起来。上下班路上，只要前面一堵车，她就会不停地按喇叭；去便利店买东西付款时，因为前面有人排队需要等一会儿，她就会埋怨人家动作慢，一直发牢骚；听下属汇报工作时，只要对方有一丁点儿错，她就会大发雷霆，忍不住骂人；约见客户，只要对方稍微晚一点过来，她也会狂躁不安，不停地看时间。

让菲菲自己都感到惶恐的是，现在的自己根本不能静下心来认真思考任何问题。好像自己非常忙碌，每天都有做不完的事情在等着。可这一天下来，却发现所做的事情都没有达到自己的预期，反而是脾气变大、心情变差了不少。

长期以来，生活在大都市的上班族好像自然而然地融入了这种快节奏的生活状态中，总是无法放慢自己的脚步，让自己停下来。每天的生活都被"匆匆忙忙"这种思想驱使着，总是想着要尽快、尽力做好每件事，来达到自己所期望的目标心理值。他们虽然忙忙碌碌但有时却会一无所获，甚至会忙中出错，越忙越找不到方向。而一旦有差异出现，他们便会勃然大怒，暴跳如雷。

事实上，这只是我们生命中的一部分，是你的工作、你的生活而已。生活很简单也很美好，不要把它太过于复杂化。我们可以去试着享受工作与生活中的美好，而不要把它们当作一种无形的压力与负担。

生活中从来就不缺少美，只是缺少一双发现美的眼睛，如果不懂得欣赏这种美，那你的生活将是何其悲哀啊。只可惜，现在的人们长期生活在一种快节奏的状态下，已经忽略了此种风景。总是会莫名地担心，早上会不会迟到，晚上要不要加班，参加聚会该穿什么样的礼服才合适……

我们总是习惯于不停地让自己生活在下一刻，不停期待着孩子长大、节假的来临、自己年老退休。总想着当这一切来临时，自己就可以歇歇了。不停地计划着未知的生活，不停地给自己压力。就像一只飞速旋转的"齿轮"，总想着只要还能转，那么就不能让自己停下来。

其实，很多女人之所以不愿放慢生活的节奏，是因为觉得时间不够，钱不够：我没有足够的金钱去支撑我放慢脚步，我又该拿什么去享受生活？可是，你又是否能够明白，当你选择在为生活疲于奔命的时候，你的青春年华正在离你而去。你又该如何去享受呢？

趁微风正好，趁你我还未老。趁现在一切还来得及，我们不妨放松心态，调整生活节奏，以一种"缓慢"而平和的方式去享受当下的生活，给生命留下一些美好的印记。

那么这种慢节奏的生活，我们应该怎样去做呢？

（1）**多听音乐**

音乐总能给人一种放松、愉悦的感觉。多听音乐不仅可以让人消除紧张焦虑的情绪，帮助舒缓郁闷的心情，还能有助于睡眠，提高记忆力与注意力，让身心得到适度的发展。

（2）**停止看时间**

我们总会不停地看时间，来提醒自己该做什么、要做什么，这样会在无形中给自己增添压力。所以试着静下心来慢慢减少这个习惯吧。

（3）**睡到自然醒**

尝试在不工作的假日，什么都不想，什么都不做，安安心心地睡个觉。

你会发现睡到自然醒也是一件很享受的事情。

（4）每天看书30分钟

如果不忙，请在适当的时候放下手头的工作和学习，给自己留出一份恬静的时光，品一杯清茶，并试着去读几本自己喜欢的书吧。不仅能视野开阔，还能增加文艺气息，让我们气质出众。

（5）回归大自然

有机会的话可以多去大自然走走。去爬山，去郊游，看日出日落，去呼吸新鲜的空气，感受自然的美妙。这样心情也会变得愉悦与开朗许多。

只有放慢脚步，你才会用心去发现、去欣赏更多美好的瞬间。停下你匆忙的步伐，试着开始放慢脚步，给心灵一份自由吧，你会发现生活中更多美好的瞬间。

第三章

勇敢追求，幸福不会自己来敲门

　　要想得到幸福，女人就必须自己去争取，别人的精彩你是羡慕不来的。对于人生，不管何时何地，遇到何种境遇，女人都要勇敢地坚持自己的目标；对于爱情，爱的时候要大胆去爱，但当缘尽的时候，放下一枝玫瑰，可能就会拥有一片花海；对于工作，不能消极怠工，只有主动付出努力，长期坚持，才能敲开属于自己的幸福之门。做一个幸福的女人，去努力，去争取，不要害怕辛苦。

修身养性 做心静如水的幸福女人

1. 幸福是自己争取来的

从懵懂无知的少年憧憬，到磕磕绊绊的青春悸动；从而立之年为了生活匆忙奔波的细枝末节，到人过中年压力重重、体力渐衰的无奈感慨，都是我们必然要经历的阶段，而每个阶段我们都会对幸福有着新的向往。

何谓幸福？最为认可的解释是：幸福是指心理欲望得到满足时的状态，是一种持续时间较长的感到生活有巨大乐趣并自然而然地希望持续久远的愉快心情。但这只不过是最能让人产生认同感的一种解释而已，真正的幸福其实并没有绝对精准的概念，因为幸福就是一种感觉，而且这种感觉因人而异、因时而异、因地也会有异。向人群中追问，我们可以得到千万种不同的答案，每个人都有自己对于幸福的感觉，每个人都有自己对于幸福

的追求。它可以是"二亩田地一头牛，老婆孩子热炕头"的简朴生活；可以是身披蓑衣，垂钓江边的悠然自得；可以是宝马貂裘，坐拥丽人的奢侈享受；也可以是埋首于案头，勤恳工作的奋勇拼搏……

对于同一种生活，同一份工作，有人能够甘之如饴，有人却会嗤之以鼻。个中差别，全在于感觉。你觉得这份工作真好，这样的生活真不错，你当然就会甘之如饴，并在其中得到乐趣和幸福；如果你根本就瞧不上这样的日子，你对它嗤之以鼻，对它们厌恶不已、烦恼不已，你无论如何也不可能从中体会到乐趣，幸福感又从何而来？可见幸福与否全凭自己来感受，和客观环境并不存在着必然的联系。比如说，对于一个不爱黄金的女人来说，即便坐拥金山也无法让她的幸福感扩大；对于酷爱文学的书生来说，用钻石或百万股票与他交换经典藏书并不会让他更加幸福；对于习

勇敢追求，幸福不会自己来敲门 第三章

惯了田间劳作的农民来说，给他高官厚禄或是更高荣耀只会让他变得无所适从。

幸福其实就是每个人心中的一种感觉，而这种感觉从来就不只一种，也从来就没有一种确切的描绘。它不是你我所经历的事情的总和，而是来自内心的一种最真实的感觉。幸福与不幸福很大程度上由自己的内心来控制。

周末，超市内。每个收款台前等待结账的队伍都排得像一条长龙，顾客们很有秩序地排队等候着。一名男子满脸焦急，并时不时地抬手看表，显然他在赶时间；身后排着的一名妇女怀抱着孩子，孩子已经等得很不耐烦……他们都在随着队伍慢慢地向前移动，可收款台的打印纸偏偏就在此时用完了……

节假日，高速路上。车队正在缓慢地行驶，好不容易到了一个车辆较少的路段，终于可以"高速"了。可是，前面的车辆却始终不紧不慢地开着，你正想改道超越，后面突然跟来了另一辆汽车，不断闪烁的转向灯正在宣告："快让开，我要超过去了。"……

工作日，办公室内。同事们正在紧张地讨论着某个项目的进展计划。突然，办公室的门开了，领导走了进来并宣布："这个项目从现在起取消，以后需要时再重新讨论。"当你提出疑问时，领导一抬手打断了你的质疑："你没听到吗，这个项目如果需要，以后再安排。"就这样，项目取消……

这些场景都是我们生活和工作中经常遇见的，当你在遇到这种事情的时候，是满腔愤怒还是让自己尽快转换思路，适应这一瞬间的转变？省略号的内容会因人的感觉而异，但毫无疑问的是，在同一情况下有人能够保持平静，有人却会充满愤怒，而仅仅是这种不同的感觉就能让人们走向幸福与不幸福的两极。

微博上曾经有这样一个段子：

问："幸福是什么？"
答："幸福就是猫吃鱼，狗吃肉，奥特曼打小怪兽。"
问："为什么？"
答："天性、天命、天赋，顺其自然，就是幸福。"

但是，幸福真的这么简单吗？幸福真的是天生就有的吗？只要顺其自然，就能拥有幸福吗？人们常常喜欢用"有福之人不用忙，无福之人跑断肠"来安慰自己。有的人什么都不用做，就能轻松拥有一切，我们常开玩笑说："真会投胎！"而有的人，不管怎么努力，总是这么平庸，好像老天爷忽略了他，存心不让他好过。

对于思想新潮、积极向上的新时代女性而言，这种宿命论观点简直不堪一击：

首先，你眼中的"有福之人"未必就是老天爷一直眷顾的幸运儿，她背后付出的辛劳你可曾体会过？你没有看到别人的辛苦就以为没有，这实在是太片面了。

其次，你付出的汗水并没有白白浪费，其实你离幸福只差那么一小步而已，假如你不争取，你和幸福的距离就会越来越远。

第三，假如本来就是你的选择出了问题，你一直走在错误的路上，怎么会得到正确的结果呢？你用"这就是命"来安慰自己，粉饰太平，这和一直耍赖的阿Q有什么区别呢？

著名作家张海迪，在5岁时患有脊髓病，胸部以下全部瘫痪。从那时起，张海迪开始了她身残志坚的一生。她没办法上学，就在家自学完成了中学课程。在她15岁时，张海迪跟着父

勇敢追求，幸福不会自己来敲门 第三章

母一起下放到了山东聊城的一个农村，在那里，张海迪很快融入了当地的生活，不仅如此，她还给村里的孩子们当起了老师，教孩子学针灸，为乡亲们无偿治疗。

坚强的张海迪并没有止步于此，她利用空闲时间自学了外语，还当过无线电修理工。命运对她实在不公，可是在残酷的命运面前，张海迪没有认输，她用顽强的毅力和疾病作斗争，努力地争取自己想要的一切。

张海迪虽然没有机会进入课堂跟正常的孩子们一起学习，却奋发图强，自学完成了小学、中学的全部课程。她并不满足于此，又自学了大学英语、日语、德语和世界语，并攻读了大学和硕士研究生的课程。后来，张海迪从事文学创作，先后翻译了数本国外文学著作，编写了《向天空敞开的窗口》《生命的追问》《轮椅上的梦》等书籍。

通过自己的努力和争取，张海迪过上了自己想要的幸福生活。

想要得到幸福，就要自己去争取。你想要获得高额的薪水，就要做出业绩，老板不会养闲人；想要升职，就要努力提高自己的工作能力，只知道颐指气使没有任何竞争力；想要获得一个理想的伴侣，就要先提升自己，没有人会喜欢一个金玉其外、败絮其中的绣花枕头；想要成为女强人，就要先从一点一滴的小事做起，别幻想一开始就能成为某跨国上市公司的女总裁，即使真给了你那个位置，你也胜任不了。

幸福要靠自己争取，但这并不是脱离实际、口若悬河的叫嚣，而是需要每个女性确定目标、脚踏实地的努力，没有任何幸福是上天赐予你的。然而，还是有一部分女性得过且过，不愿意付出努力。现实生活中有很多因素都会让我们产生惯性，让我们产生一种"这样也能凑合过"的错觉，于是，你就白白浪费了大把的好机会。而这些机会恰好蕴藏着老天爷给你的幸福。

最后，永远要记住：如果你不争取幸福，就永远不会获得幸福。主动追求、主动争取，选择自己喜欢的，争取自己想要的，这才是女人的明智之举。

2. 别人的精彩羡慕不来，脚踏实地才有未来

2016年，纪录片《我在故宫修文物》爆红网络，一度超过了被年轻人所追捧的偶像剧。究竟是什么原因让听起来有点高冷的纪录片如此受欢迎呢？是一眼望去威严大气的皇家宫殿，还是穿越了千年的稀世珍宝？都不是，是匠心精神。

何谓"匠心精神"？说白了就是专注、脚踏实地去做事。脚踏实地是一种态度，一种能力，也是一种境界。它意味着忽略外界的纷扰，把精力和智慧都用到要做的事情上，形成专心做事的平和心态；它意味着勇敢追求，不羡慕别人，过好自己的生活，找到价值感和存在感。

古训说得好："欲多则心散，心散则志衰，志衰则思不达。"我们的时间有限，精力有限，如果经常被其他诱惑所动摇，见异思迁或是四面出击，自己便很难维持在最佳状态，也很难提升自身能力，那么很有可能让你失望——很容易变得两手空空，不要说成功，恐怕所有事情都做不好。

也有很多人经常不解，为什么很多成功女性都资质平平，看上去并不怎么聪明，也不是怎么能干。原因很简单：那些看似不聪明的女人懂得脚踏实地，有一种在任何情况下都心无旁骛的决心。她们踏实，能不受内心欲望和外界诱惑的干扰，对既定的方向和目标坚定不移。

在不知情者眼里，周晓是一个幸运的女人。要不然，她学历一般，能力也不强，怎么能在短短三年时间里从一名文秘晋升到部门经理，一路绿灯呢？事实上，只有周晓自己清楚，自己的成绩完全是因为工作踏实、勤勉，一步步慢慢走上去的。

刚进公司里，只有大专学历的周晓很不起眼，部门里学历高、能力强的人才层出不穷。周晓自知没有什么优势，只有脚踏实地才有未来。最初，周晓每天的工作就是整理、撰写和打印一些材料。这原本是一件很简单的工作，但是周晓却想为公司多做一些事情。由于整天接触公司的各种重要文件，又学过有关财务方面的知识，细心的周晓发现公司财务运作方面存在问题。于是，除了完成每日必须要做的工作外，周晓开始收集关于公司财务方面的资料，有时候常常需要在公司加班。经过一段时间后，她又将这些资料分类整理，最后一并打印出来交给了老板。老板仔细地看了一遍这份材料后，感到很欣慰。为了表彰周晓的功绩，老板不仅给她加了薪，而且还提拔她为经理助理。

后来，公司的一位文秘因急事突然离职了，留下许多需要紧急处理的工作。其他同事都不太情愿接手，这时周晓主动请缨，暂时接管了下来。于是，她的工作就变得忙碌起来，除了帮助经理做好各项事务之外，她还要兼顾整理、撰写和打印材料等工作。那段时间里，周晓每天都很辛苦，不过值得庆贺的是，她成功地完成了任务，工作能力得到了经理的高度认可。后来，公司在开设新部门时，周晓直接被安排为新的部门经理，她的事业上了一个新台阶。

周晓得到老板的重用，获得比他人更多的机会，是因为她好运吗？不！因为她脚踏实地，坚持勤勤恳恳地去努力，去付出。一分耕耘，一分收获，凡是在事业上取得成功的女人总是比别人做得更多。所以，不要羡慕别人的精彩，唯有脚踏实地才有未来。

我们每一个脚踏实地的脚印，都是幸福的追求，试着忘记以下理由：

"反正薪水只有一点点，能偷懒就偷懒吧！"

"反正做得再多再好，好处也轮不到我，还是省点力气吧！"

"算了，我技不如人，能拿到这些薪水也不错了。"

……

人难免会有惰性，难免会有想要停下脚步，偷懒一下的念头，当"不过就是偷懒一下，应该没有什么关系的"这样的想法入侵大脑时，请提醒自己要脚踏实地，要勤奋。需要注意的是，一时的脚踏实地并不难做到，但要一生脚踏实地却非常不易。

你想成为一个幸福的女人吗？你想享受美好人生，赢取众人的羡慕和赞美吗？那么请扪心自问：你是否像周晓那样脚踏实地？

现在，你应该设定自己的目标，去脚踏实地地完成它。我们也许不是匠人，但也需要一片"匠心"，这是一条通往事业成功的路，也是一条通往内心的路，这条路，我们每个人都应该努力走好。幸福需要脚踏实地，别人的精彩羡慕不来，唯有脚踏实地才有未来。

3. 实现目标的过程，需要勇敢与坚持

我们常说"为山九仞功亏一篑""行百里者半九十""锲而舍之朽木不折"。坚持需要很久，而放弃只需要一秒钟。"坚持就是胜利"的道理

我们大家都懂，但是当成功之路遥遥无期时，谁还有坚持的动力和奋斗的勇气？

尽管如此，我们还是要再坚持一下。继续坚持不仅仅是为了让自己的努力有个结果，也是为了让自己回想起这段经历时不会后悔。曾经看过这样一幅漫画，漫画中有两个人同时拿着锄头挖宝藏，其中一人挖了很久都没见到宝藏的踪影，于是扛着锄头垂头丧气地回家了，而另外一个人不断坚持，最后终于挖到了宝藏，其实在第一个人放弃时，他离宝藏只差一点儿的距离了，也许下一锄头，他就能挖到宝藏。因此，我们不能放弃，半途而废和成功其实只有一步之遥。

大部分成功人士的成功秘诀只有一条——坚持到底。英国首相丘吉尔在一次演讲中说："我的成功秘诀有三个：第一是，决不放弃；第二是，决不，决不放弃；第三是，决不，决不，决不放弃！"家喻户晓的许三多说："不抛弃，不放弃。"约翰生也说："成大事不在于力量的大小，而在于能坚持多久。"这些名人已经为你指明了一条成功的"捷径"，你为什么不试试看呢？就像下面这个故事一样，坚持到底，终于达成了自己的目标。

吴芸菲患有小儿麻痹症，在8岁时就不得不借助拐杖来行走。后来，菲菲的父母听说游泳可以锻炼腿部肌肉，延缓肌肉萎缩，于是决定把女儿送去学游泳。游泳对于一个正常人来说很简单，可是菲菲患有小儿麻痹症，游泳对她来说，简直难于上青天。但是，菲菲没有放弃，她一直坚持练习游泳。5年之后，在青岛的一次游泳比赛中，吴芸菲居然得到了第二名的好成绩。不仅如此，她还在第二年的全国游泳比赛中一举夺魁，这让当时在场的媒体记者们惊叹不已。有记者问菲菲："你是如何战胜自己身体的缺陷获得成功的呢？"

"我只是没有放弃,一直坚持游泳罢了。"吴芸菲答道。

很简单的一句回答,成功有秘诀吗?有,就是坚持。

也许对你来说,坚持的意义并没有那么重要,而放弃的借口却那么诱人。但是,为了将来的幸福,为了成功,你必须抵制住那些诱惑,因为那些精致的理由日后一定会让你后悔。孰轻孰重,相信明智的你一定了然于心。

不管是你的工作、你的梦想、你的感情,还是你现在正在做的一个项目、热爱的手工,你都不应该轻言放弃。或许现在的你遇到了一时的瓶颈,或者你觉得现在我做不了,说不定以后我有能力了就能做了,然而,将来的事情谁能打包票呢?就算将来你有了能力,也没有当初做那一件事情的热情和心境了。

这就是为什么能在20岁时做的事情就不要推到30岁,能在年轻时做的事情就不要推到暮年的道理。

下面有一些小建议,在实现目标的路上,希望对大家有所帮助。

首先,明确目标,占据有利资源。

大部分情况下,我们之所觉得很难成功,是因为我们把注意力放在做事方法,而非目标上。一位清华大学的校长曾经对毕业生们说了这样一句话:"方向比努力更重要。"因此,我们必须要知道自己的目标在哪里,才能确定自己的最佳做事方式。

明确目标后,就要占据有利资源。俗话说,工欲善其事,必先利其器。这里的资源包括做事的能力、做事的方法和人脉关系。想要快速达成目标,就要学会好好利用自身的有利资源。

其次,结合自己的兴趣优势,做最重要的事。

想要达成目标,除了坚持以外,还要对你的目标感兴趣,并让自己擅长于此。很多时候,旁人之所以比你做得好,就是因为她们对自己所做的事情抱有热情并且擅长于此。因此，最好的路，一定是你最熟悉的那一条。

除此之外，你还必须确定哪些事情是最重要的，哪些事情可以直接舍弃，分清轻重缓急。这样做的好处是可以提高你做事的效率，让你的目标离你更近。

最后，要善于学习，立即执行。

用最快的速度掌握你达成目标所需要的技术，时刻让自己处于接收的状态，接收更多新知识和新信息，根据知识和信息的积累调整自己的策略，采取最优化的方式向着目标迈进。

想要尽快达到目标就不能浪费时间，就要从现在开始行动起来。等待或拖延都会延长你的路程，而将成功的距离拉得更远。想要快点达成目标，自己必须要有紧迫感，立即行动并且一刻都不耽搁，才能让你比别人走得更快。不管你选择了哪一条道路，"立刻行动"都能有效地将相对距离缩短，这不是近路又是什么？

所以，各位亲爱的女性朋友，既然你已经定下今天的目标，就坚持把它完成吧。遇到困难就想放弃，表面上好像只是"了结"了一件事，但实际上，你是在放弃"唾手可得"的成功。你想要什么，就要坚持追求，虽然这句话老生常谈，可我还是要对大家说："坚持就是胜利！"

4. 放下一枝玫瑰，可能拥有一片花海

如果有人送你一件东西，你一定很乐意接受，并且心怀感激。但是如果有人让你放弃一样东西，想必是非常不容易的。其实，有时候我们换一

个思路想想,也许就会有更大的收获。我们想拥有很多,却不愿意放弃太多,就好比我们的手只有那么大,但手里的东西已经满得握不下了,那只有放弃一些,才能拿下别的,只有放下一枝玫瑰,才可能拥有一片花海。

在生活中,我经常听到有人说这样一句话"恋爱有风险,相爱须谨慎"。虽然我不完全认同这句话,但一对陌生男女从相识到相知,再到相恋,最后一起走进婚姻的殿堂,确实也是有一定风险的。因为并不是每一对有情人都能终成眷属,我们每个人都有可能遭遇分手。

对我们女人来说,或许是女人天性的固执,也可能是性格使然,当遭遇分手时,我们会难过、伤心、愤怒。事实上,这些出现情绪都是可以理解的,但是千万不要为了挽救一段恋情整日哭哭啼啼,甚至不顾自己的尊严,死缠着对方不放。因为爱情是两个人的事,当缘分尽了,如果过于执着,爱变成了盲目的固执和任性,就失去了理智。

李莉是一家企业的销售经理,因为工作需要,经常在公司加班到很晚。没想到不久前,她交往了5年多的男朋友居然不甘寂寞,在网上认识了一个年轻漂亮的女网友,态度坚决地和李莉提出了分手。朋友都劝李莉,分了吧,你已经给了他5年的青春,你还有多少青春可以这样浪费?

虽然伤心欲绝,但李莉却舍不得这5年的情分,决定原谅男友,并表示只要男友保证与网友一刀两断,自己就可以原谅他的"一时冲动"。但是男友去意已决,于是李莉不停地打电话质问男友为什么感情说断就断,自己到底哪里做得不好,那个女人到底有什么好……

后来,李莉还对男友说自己活不下去了,想要自杀。结果,对方不仅没有任何怜惜之情,而且连手机号、QQ号都更换了,不再露面。

这下,李莉更无法接受了,她开始变得哀怨、自卑,她经常痛苦地问朋友:"难道我真的不够好,不够年轻漂亮?"为了排解痛苦的心情,她有时会去酒吧喝个通宵,有时在街上走着走着会突然大哭不止,把路人吓一跳。工作和生活都弄得一团糟。

一段感情的结束,不代表失去一切,何必自此失去了快乐,失去了幸福,在最好的花样年华里把自己折磨得如此不堪呢?

如果我们把放弃与得到的东西按比例来计算的话,毫无疑问,它们绝对是成正比的。只有懂得放弃的人,才能得到更多、更好的事物。放弃也许需要勇气,但是当你获得的时候,你会觉得一切都是值得的。就好比遇到的困难越大,当你克服困难以后,你便会越高兴,因为这么大的困难都被你解决了,以后还有什么是做不到的呢?

放下一枝玫瑰,就能拥有一片花海。爱的时候要大胆去爱,但当缘尽的时候,与其死守着那份不属于自己的爱情,折磨自己,不如大度地放开手,只求一切随心随缘,让一切顺其自然。

当然,我知道,对于女人来说,要放下自己倾心付出的爱恋,是一件不容易的事。这需要我们有断臂割肉的勇气,需要我们有"急转身"的底气。

5. 幸福就是做自己喜欢的事情

张爱玲曾经说过这样一句话:幸福就是做自己喜欢的事情。

修身养性 做心静如水的幸福女人

我对这句话深表赞同。借由张爱玲说的这句话，我想告诉大家的是：如果你现在做的正是你喜欢做的事情，那你应该珍惜现在的工作，并努力去体会幸福的感觉；如果你现在做的并不是你喜欢的，那你要在工作中发现乐趣，寻找幸福。

马丹妮是一家国企的财务总监，不知是工作让她烦忧，还是生活太过忙碌，最近她偏头痛发作得厉害。每天，丹妮下班回到家，不想吃晚饭，只是安静地坐在那里，显得疲惫不堪。

一天，她刚到家，手机提示她有新微信，原来是闺蜜小然约她一起去花店。丹妮未经思考就从床上迅速坐起，马上赴约。从家里到花店的路上，丹妮突然有了一种神清气爽的感觉，这种感觉似乎很久没有出现过了。

到达花店，丹妮和小然有说有笑，一边选花、品花，一边与店员愉快交流，她们徜徉在芬芳四溢、姹紫嫣红的花丛间，就像两只快乐的小蜜蜂。捧着精美的花束回到家，丹妮发现自己的头竟然不痛了，这天晚上她美美地睡了一觉。

说到这里，可能很多人会问：究竟是什么原因让丹妮在瞬间就产生了两种截然不同的感受呢？难道她之前的头痛是装出来的？当然不是！

丹妮之前头痛、疲惫，是因为她对自己的工作不感兴趣。换句话说，就是她的工作丝毫不能让她感觉到快乐。然而，对于买花、选花，丹妮则是兴趣十足，所以她才会显得非常快乐。

再说说我，我是一个酷爱旅游的人。一次，我和几个朋友一起自驾去西藏，在路上，我们遭遇了高原反应、极寒天气、危险路况。更可怕的是，我们的车队还在大草原上迷了路，深夜在高陡坡行驶中因忘带防滑链差点引发交通事故。然而，即便是这样,我们没有一个人打退堂鼓中途返回。每当我们想到近在眼前的稻城亚丁、纳木错湖,想到可可西里、唐古拉山,还有布达拉宫和林芝乡间,我们的心里就充满了极度的兴奋和莫名的力量。

自驾游是一件容易和轻松的事情吗?显然不是,但是我们仍然愿意去做,就是因为这是我们喜欢做的事情。

在现实中,我经常听到女性朋友说,她已经厌倦了这份工作。每当此时,我便问她:"你的工作透支了你的体力吗?"对方的回答往往是否定的。

事实上,那些已经完成的工作并不会使你疲劳,相反那些没有做的工作却始终困扰着你。

比如,今天工作的时候,很多事情都没有完成。晚上当你下班回到家的时候,你就会感觉到疲惫不堪。第二天,你的工作如果一下子变得非常顺利,你不仅完成了当天的工作任务,还得到了领导和同事的称赞。那么你下班回到家时一定会是神采飞扬、精力充沛的。

所以,让你感到疲劳的,并不是工作本身,而是工作的不顺和挫折。

那么,我们究竟该如何克服工作的厌倦感呢?很简单,做自己喜欢的事情。

说到这里,肯定会有人反驳:不是所有人都能找到一份自己喜欢的工作。确实如此,一个能做自己喜欢的事情的人,在工作中体会到乐趣和满足感,那么她肯定是幸福的。但是,这并不是说,你做的事情你并不喜欢,就代表它不能给你带来乐趣。

预算员从事的大概算是一种很枯燥的工作了,然而有人却能从中体会到乐趣。莉莉是一个90后的女孩,她从事的是造价预算的工作。她时常要去建筑工地跟一帮工地上的大老粗交往,业余时间还要加班加点地与一堆数字较真。工作的第一年,莉莉起得比鸡早，晒得比炭黑，拿的却是搬砖的钱。看着身边的同学都开始转行了，莉莉也有些动摇。

过年回到家，爸爸与莉莉谈心，谈起建筑施工，莉莉爸神采飞扬，他以20多年施工管理的工作经验告诉莉莉："建筑这个行业值得你一辈子去探究，它可以成就你，给你想要的生活。"爸爸的热情点燃了莉莉的心，再看看爸爸给家里创造的环境，她开始重新思考自己的工作。

第二年，莉莉的工作态度变了，她开始在平凡的工作中寻找乐趣。

对于陈旧的工作，她改变工作方法，提高工作效率。每天清晨，她都会按时起床，穿上前一天精心搭配好的服装，精心梳洗，以饱满的状态开始新一天的工作。她的办公桌上每天都有一张可爱的便利贴，上面详细罗列着她这一天的工作生活安排，甚至包括几点吃水果，什么时候去管理桌上的绿植这些小事。

对于有挑战、有难度的工作，莉莉不再像以前那样挑三拣四，抱怨吐槽，她开始积极思考，并且发明了"啃骨头"理念，就是再难的工作都要像啃骨头一样全力拿下。工地上项目经理仍叫她黄毛丫头，对她工作中的失误仍然毫不留情，但她不再感到委屈，她开始反省自己的不足，主动向前辈们请教。后来她发现，原来这些施工老前辈真的很可爱，他们虽然说话嗓门大，但话却很在理。他们虽然风风火火，但他们的战斗力无人能及。而随着莉莉业务能力的不断提升，施工老前辈们对她也越来越友好。

工作变得顺利了，与同事配合得也更加默契了，莉莉不仅连续三年都被公司评为优秀员工，还荣幸进入了公司后备人才库。同时她也幸福地遇到了自己的人生伴侣，实现了爱情和事业的双丰收。

同样的工作,同样的环境,莉莉只是改变了自己,便成就了自己。

所以,如果你的工作并非你喜欢的,那么你要学会在枯燥的工作中发现乐趣,在工作中追求美好,或许按下你幸福开关的只是一花、一物、一语,是朗朗清风,是清新空气,是温暖红日,是月盈月缺,抑或是同事的笑脸,是领导的称赞,你会觉得,这样的工作,真让人感到幸福。

第四章

用心经营，围城后花园宁静又甜蜜

婚姻生活有可能不是女人梦想中的伊甸园，因为它充满了繁杂的琐事、沉重的家务，一系列没完没了但又不可回避的现实问题。要想让家庭和婚姻幸福，仅有爱情是不够的，婚姻还需要女人用心经营。想要花开，就要细心呵护种子，"一沙一世界，一花一天堂"，只要用心就能找到婚姻生活中点点滴滴的幸福。

1. 你把自己活成锦，自然有人来添花

女人的幸福与不幸，通常被认为是命运。如果一个女人幸福，大家就都说她运气好，遇见了一个爱她的好男人。而如果一个女人不幸福，大家就会说她命运不好，遇到了一个坏男人。女人吸引什么样的男人与其结婚，全靠命运吗？

当然不是，很多时候能不能遇到好男人，全在于我们是一个怎样的女人。现在已经不再是男权社会，男女各能撑起半边天，女人不再只把幸福寄托在男人身上，而是自己当家做主。幸福美满的蓝图，我们自己去描绘，自己去设计，自己去实现，不再倚仗别人。就算目前的生活单调乏味，我们也要把自己活成锦，这样自然有人来添花。

身为女人，即使我们是"剩斗士"，也要活得漂亮。生活的底色是白是黑、是蓝是绿，都由女人自己来掌控，因为画笔在我们手里，我们亲手描绘自己想象的幸福蓝图，那一定别有一番滋味。

住在深圳的利琴是一位30多岁的单身女士，她是公司里的法务专员，这份工作她已经做了七八年，毫无新意可言。而她的生活也一直平淡无奇，没有什么变化。利琴没有什么野心和抱负，唯一可以称之为愿望的就是能够减轻一点体重和得到一份真正的爱情，可连这些也让她觉得遥不可及。她的感情生活永远充满了危机，换了好几个男朋友但总也找不到合适的。她的日子就这样一天一天过去，平平淡淡，毫无新奇可言。

利琴实在受不了这样的生活了，她曾经找过朋友帮助她寻找生活的方向，但是朋友的建议却与她的生活方式不符，她并

不能从那样的生活方式中感受到幸福。一天，她突然有了一个崭新的想法，她决定去尝试一种新的生活。

首先，她开始记日记，把生活的方方面面都记录下来，让自己可以感受到变化的喜悦。渐渐地，利琴的日记成了一本最刺激、最浪漫、最疯狂的书，里面的内容从平时的工作、周围的好友，到锻炼、饮食、男人……利琴的生活也随着她的日记翻开了崭新的篇章，所有的东西都发生了翻天覆地的变化。她开始受到周围人们的注目，其中也包括两个和她发生感情的男人：一个是像小说人物一样完美的陈放；另一个是一身小缺点但很真实的王涛。这两个人的出现令利琴又欣喜又发愁，她思前想后拿不准自己该挑哪一个。

看来，新的生活中依然有不少麻烦伴着利琴，不过她却乐在其中。由此，她明白一个道理：把自己活成锦后，自然有人来添花。

身为女人，即使没有男朋友，即使生活得如利琴一样单调，我们也要把自己照顾好，活成锦。女人要活成锦，说简单也简单，说难也难。简单在于它藏在平日里的小细节中，例如到了饭点，按时用餐，该睡觉的时候就去休息。难就难在并不是每一个女人都能做到这一点。

作为女人，我们要拒绝单色调的生活，不能总是两点一线，不是洗衣间就是厨房。没事的时候进进书店，逛逛市场，参加一些酒会，就算不喜欢化妆，也不能总是那一张平淡无奇的脸，没事保养保养，为自己准备一套好的护肤品。时不时地改变自己，给生活添点情趣、浪漫，会让你感觉更加幸福。

幸福的色彩，我们应该自己动手调绘。哪怕是家里的一个壁画，一个茶几，一只碗，我们都精心选择，琐碎的细节，更能反映出女人的品位，而看到自己亲手布置的美丽房间时,我相信你的幸福感一定会提升100倍。当然大到房子的选择、轿车的颜色、甚至投资的方向等,我们也自己选择,亲自考察,理智消费,为将来更好的生活添上重要的一抹色彩。

或许,那天是你们第一次见面,你细心地化了妆,穿了一件粉色的连衣裙,那天的他也英俊极了,穿了一件深蓝色的西装。那时,你们幸福的颜色是粉红和深蓝。

虽然你身为公司高层,但是回到家里,你仍然是个小女人,他醉酒后想喝你亲手煮的红豆粥,那天你们的幸福是红色的。那碗红红的红豆粥,成为他一辈子也忘记不了的温馨回忆。

那天他升了职,你亲手为他挑选了金色的领带做礼物,他回你温柔的吻。那天你们的幸福颜色是金黄。

当然还有很多美丽的幸福色彩丰富着你们的生活,不管是过去的,还是将来的,都是你亲手绘上的。记住,你要活成锦。

当你活成锦,将自己的生活打理得井井有条、充满韵味,还愁没有好男人被吸引、被感染吗?

 ## 2. 婚姻的合伙经营让爱延续

常常听到一句悲观的婚姻言论:婚姻是爱情的坟墓。有很多已婚人士深表赞同。

是的,自从我们踏进婚姻那天起,我们的爱情就冬眠了;你再也没有收到过惊喜的礼物,再也没有了鲜花;他再没有说过"我爱你",就是离别前,也会忘记吻你……

女人因为爱情走进婚姻,而爱情却在婚姻里迷失了。这是谁的错?无论男人和女人,没有人愿意承认是自己的错,甚至他们都觉得自己很委屈:"我为了家庭如此劳累……""我为了这个家庭付出了这么多……""我一直那么尽心尽力地照顾着你……""我为你买了昂贵的首饰和衣服……",各抒己见,都认为自己委屈、无辜,甚至受到了伤害。

这是我想要的婚姻吗?我的爱情哪去了?女人们不断地追问着这样的问题。事实上,亲爱的女士,你并没有明白什么是真正的爱。

男人和女人从相识到相恋,直到携手步入婚姻的殿堂,就像建立一种合伙关系,成立一家合资的婚姻公司,是盈是亏,全靠合伙人自身,靠夫妻双方的用心经营。

晓雯边在厨房里做着晚餐,边不时抬头望一眼正在院子里修剪草坪的丈夫李强,眼角挂着一抹温馨的笑意。

晓雯和丈夫结婚三十多年了,可彼此还是那么亲密,就如同一对新婚燕尔的小夫妻。

"亲爱的,你觉得那里的草是不是还有些长?"

李强拉开窗户,半伸进头来,指着不远处的一片草坪问晓雯。

"不,刚刚好,你做得非常好。"晓雯微笑着回应。

两个人都一大把年纪了,李强还总是称晓雯为"亲爱的"。

许多年前,当时李强还只是一名微不足道的小职员,在一家公司里做文职工作。他那时很穷,甚至在打算向晓雯求婚时,连一枚像样点的婚戒都不能送给她。为此,他一度很沮丧。可他深爱着晓雯,他鼓起勇气来到晓雯面前,请求她嫁给自己,他忐忑不安地对晓雯说:"我没有钱,买不起戒指,但我爱你。"面对这个因紧张而声音有些颤抖的羞涩男孩,晓雯笑了,说:

"我相信你,就让我们一起努力吧。"晓雯和李强结婚的时候,戴在手上的结婚戒指是几十元钱买来的。

原本平淡的婚后生活,因为晓雯的善解人意而显得温馨甜蜜,她总是第一时间把自己的幸福感告诉李强:"我非常喜欢你送给我的那台冰箱,比起那些笨拙的冰柜来,我觉得它更实用。"

"你帮我挑的这件衣服真合身,穿着出去既大方又好看,你真有眼光。"

"亲爱的,你是在哪里找到这盆花的?我最喜欢这种花了,谢谢你。"

"你说什么?整罐巧克力都是送给我的吗?真让人难以置信,没有比这更好的礼物了,亲爱的。"

"这双鞋实在太漂亮了!很适合我,不是吗?你真细心,亲爱的。"

对于晓雯这样的言语,李强的欣慰和幸福溢于言表,每当他看着晓雯那种陶醉的眼神,心里总是暖暖的,也更增强了自己努力向前的动力,用他的话说就是:"这是对我最大的鼓励,让我知道自己应该做些什么。"

后来,李强开了一家自己的公司。当他用自己赚到的第一笔钱买来一枚真正的宝石戒指,并把它戴在晓雯的无名指上时,晓雯满眼含着热泪和李强紧紧相拥在了一起。

如今,他们的孙子都上小学了,他们的爱却依然如旧,这从他们相视一笑的眼神中就能够确知。当被问及他们是如何经营这段爱情的时候,晓雯说:"用一颗真心去爱对方,并用真心来感受对方给自己的爱,我们一直是这样做的。"

或许在日复一日的生活中,我们会因渴望激情和浪漫的心而忽略了一直紧紧包裹着我们的幸福,于是开始艳羡那些书本里才有的爱情故事,觉得那样才轰轰烈烈，才不枉此生。殊不知，所有的繁华和热闹都只是路过而已。爱，其实就在彼此之间那些微不足道的动作里，就在那些平淡无奇的话语里。只要学会去经营，懂得去珍惜，爱情就可以散发出恒久的芳香。

幸福的家庭不是凭空而来的，这需要家庭中所有成员的共同努力，需要所有家庭成员的共同呵护。没有细心呵护的幸福会如昙花，来得快，去得也快。夫妻恩爱是幸福家庭的基础，是幸福的源泉，是完美人生的关键。如果想要经营好自己的婚姻，就要懂得夫妻就是婚姻的合伙人，经营好这种合伙人的关系，才有幸福的家庭。婚姻中的合伙人要把真诚、信任、理解和宽容，作为资本投入到婚姻公司中去。投入越多，增值越快，收益越大。如果没有投入，那就成了名存实亡的"皮包公司"，结果只能走向破产。

当然，有投入的婚姻在运营过程中也可能会出现"疲软"现象，甚至濒临"破产"。这时的合伙人，要有很强的危机意识。度过危机的有效措施就是调用爱情储备金，改善婚姻公司的经营状况，赢得最大的爱情效益，使婚姻公司扭亏为盈。这种关系用经济学的理性思维分析起来一针见血，而我对这种合作关系的解读则更加温柔贴心一些，我对所有已婚女士的忠告是——要做男人事业上的好帮手。

成为他事业上的好帮手，首先要与他一起做你们愿意共同去做的事情。卡耐基夫人对所有女性说过这样一句话：和丈夫志同道合，是婚姻美满的基础之一。

志同道合意味着，你们要有共同的理想和目标，有愿意为实现理想和目标而共同奋斗的信心和决心，并且能够对努力的途径和方法达成共识。

美国第一夫人米歇尔·拉沃恩·奥巴马可以称得上是奥巴马总统最得力的助手，也是成功男人背后的女人。做一位政治家的妻子，并不是一件容易的事情，但是米歇尔却做得十分到位，她支持丈夫的从政之路，也给丈夫和女儿们一个温馨的家，她将妻子、母亲的角色做了最好的诠释。

谁也不能为你的婚姻上保险，我们能做的，是要学会在自己的婚姻里让爱延续。生活在和谐幸福家庭中的夫妻，他们以爱相许，彼此包容、信任、体谅、宽恕对方，勇于承认自己的过失，勇于向对方道歉；他们坦诚沟通，用心聆听，积极地解决问题，懂得有效地处理冲突和差异；他们彼此欣赏，互相鼓励，给对方适当的空间；他们不断学习，丰富自己，他们懂得爱需要共同成长。婚姻是要用心去经营的，需要用浪漫去点缀平淡的生活，不时地焕发激情，才能永远保持爱情的新鲜，婚姻的甜蜜。

那么，我们应该如何与丈夫一起合伙经营婚姻，让爱延续呢？在这里，提供几个建议，供大家一试。

（1）鼓励丈夫从事适合他的职业

如果强迫丈夫去做一些他并不喜欢的事情，结果只能让他感到非常委屈，并且相对来讲，他会比行业内其他从业者有着更重的压力。大家都知道，有一些职业确实值得所有人羡慕，但这并不是说所有人都适合从事这种职业，也不代表这种职业能给所有人带来快乐。因此，不如鼓励他去从事自己喜欢的工作，这样他的潜能才能得到发挥，甚至会带来令你意想不到的成就。他会认为他有一个非常懂事的妻子，他从你那里得到支持和鼓励，他会感到温暖，感到爱，他也会为这种感动付出更多的努力，来回报你和你们的家庭。

（2）帮助丈夫确定目标

我们都知道，那些生活散漫的人不可能成功，他们生活没有目标和计划，于是所有的事情都只是糊里糊涂地在做。如果你的丈夫也是这样，作为妻子的你应该帮助他寻找目标和动力，但是你也要明白，你的丈夫制定的目标，不是必须达到像洛克菲勒那样的成功。

在你帮丈夫确定目标之前，首先要做的就是思考成功对你和你的先生有什么意义。它是意味着很多的金钱、财富、权力、声望和地位，还是仅仅是一种满足？成功的意义对每个人是不一样的。帮助你的丈夫制定人生目标的前提是你们能够对同一目标达成共识，或者其中一方心甘情愿地投入到另一方的目标中去。

作为妻子的你,不要无休止地指责、挑剔他,不要拿他的缺点去和别人的优点相比,这样做显然不能解决任何问题。无数男士都在成功后感谢妻子的支持和鼓励,他们以为那句"亲爱的,你是最棒的,我真为你骄傲!"是世界上最动听最美妙的语言,它就像一针兴奋剂将男人体内的潜能全都激发了出来。

(3)体贴丈夫

如果他不愿意做家务,我们何尝不可以理解为对方因为工作太累所致呢?这时候,我们主动多做一些难道就不行吗?如果他心情不好,没有在老人面前表现出应有的孝道,没有在亲戚朋友面前表现出一定的热情,我们何尝不可以理解为对方因为在外有了烦恼无处发泄所致呢?要知道,家本来就是避风港!这时候,我们多在自己的老人、亲戚、朋友面前做做解释工作何尝不可?如果我们把做家务当成一种享受,把关注对方、理解对方、宽容对方、帮助对方当成自己应尽的一份责任,把经营爱情、记住对方的生日、偶尔送一束鲜花、写写婚姻日记当成一种日常生活,想方设法给婚姻生活添加一些浪漫、增添一些关怀,那么,我们的婚姻生活会增色不少!爱情来源于日常生活的时时刻刻、方方面面、点点滴滴,一句温柔的情话,一杯酽酽的热茶,一个会心的幽默,一次争执时的让步……这都是平实的浪漫,都是悉心经营的技巧,只有这样,爱情之花才会越开越艳。

在爱情渐渐老去的时候,一些人抵不住诱惑,丢失了"用真情去培育、用精心去经营、用呵护去保卫、用信任去维护、用体谅去爱护"的真心,导致爱情、婚姻城墙失守,酿下苦果。可以说,婚姻最大的敌人,往往是可怕的诱惑。很多时候,人都经不住那样的诱惑,直到失去了婚姻,才发现是因为自己的过于信任甚至放纵,没有尽到看守的职责,以至对方迷失了方向,坠入到深渊。这个时候,适度的宽容和理解、大度和原谅或许是让婚姻重新起步的源头。当然这不是要我们放下原则和底线,更不是让我们没有原则地原谅丈夫的一切错误,只是,感情还在的话,那么退一步又如何？

女人们，要经营好婚姻公司，就要扮演好一个合伙人的角色，注入资本，智慧经营。有了志同道合的基础，有了切实可行的目标，有了成熟的心理和不懈的努力，你们的婚姻公司一定会长久安定，你们的爱情也会随之升华。

3. 让婚姻经得起平淡的流年

当爱情走过热恋到达婚姻殿堂的时候，那些炽热的话语、彼此间的神秘慢慢消逝。柴米油盐酱醋这些看似芝麻大的小事成了日常生活的主旋律；公公婆婆、岳父岳母、七姨八姑成了"两人世界"中的"第三者"。婚姻中的我们没有办法回避，也不可能回避这些。当爱情渐老，婚姻正长，我们要学会呵护婚姻，用心体会真情，用爱抵挡日复一日平淡的流年，让婚姻幸福到老。

苏兰近来很不开心，她常抱怨不该走进婚姻的坟墓。她说："我们已结婚6年了，前几年他对我还不错，陪我逛街、游玩、送礼物、接送我。最近这两年，他开始拒绝陪我去逛街，宁愿自己在家看书上网；出去游玩他总嫌累，说人太多不好玩；我的生日还有纪念日他已然全忘光了；接送我就更别提了，开口就是这么大的人了，自己回来多简单"。

苏兰说当初自己就是看上他的温柔体贴，没想到结婚后对方完全变了一个人似的，让她大跌眼镜。

她的抱怨我是可以理解的，同样身为围城里的人，我们的感受也是相似的。

婚姻中的两个人，恋爱时神秘、炽热，看山不是山，看水不是水，一切都是那么美好。结婚了，两个人无死角全透明地曝光在对方面前，我们会觉得对方丑陋、无理，而不时产生愤怒、嫌弃之情。

然而，婚姻的本质就是归于平淡，这也许才是真实的生活状态。想要拥有一个和谐的家庭，幸福的婚姻，我们就要让婚姻经得起平淡的流年。

婚姻生活原本就是柴米油盐，琐碎的家务事。日复一日的日子，哪会显得不平淡？可平淡之中难道就没有幸福的吗？习以为常的生活，习以为常的交谈，习以为常的柴米油盐，我们是否就在这些习以为常之间，漠视了对方对自己爱的表达，漠视了自己拥有的那份幸福呢？

有一个美丽的女人，虽然结婚已经有些年头了，但依然风韵不减。本来她的婚姻也如同她的美丽一样出众，她也一度觉得这样的生活无可挑剔。生活时间不经意地流逝，可随着就像一道美味的佳肴，吃得久了，便也吃不出什么味道来了。她开始厌烦这样的生活。

在这个时候，她遇到了一个男人，他幽默风趣，有着大山一般厚重的背脊和大海一般深邃的目光。较之于丈夫的单薄和寡味，她看到了一个全新的世界，她为自己能拥有这个世界而心动不已。

她终于下定决心，和丈夫离婚。

当丈夫从她口中听到这个消息后，并没有对她大喊大叫，只是坐在客厅的沙发上长时间地沉默。沉默中，她拿出随身带着的小剪刀开始修理指甲。或许这把小剪刀用的时间长了，有些钝，不大好使。

"你把茶几上的那把新剪刀递给我用用，这把旧的不好使了。"她说。丈夫微欠起身子把剪刀拿在手里，转身递给了她，不经意抬头望她的眼睛里有些潮湿。她忽然发现，丈夫在递剪刀给她的时候，刀柄冲着她，刀尖冲向自己。

"你怎么这样递剪刀呢？"她的语气里带着几分诧异。

"我一直都是这样递剪刀给你的，"丈夫说："你总是那么大大咧咧，刀尖要是冲着你，你随手一接，还不把手给划破了。"

"是吗，我以前怎么没注意到？"她说，心蓦然像被什么东西刺了一下。

"或许是太平常了吧……"丈夫微扬起头故作轻松地笑了笑，但最终还是低下头去。顿了顿，丈夫继续说："这么多年来，我一直是这样做的。其实从我第一眼看到你时，就在心里对自己说，我要给你最大的空间，让你随心所欲地在里面奔跑。

就像刚才递剪刀时把刀柄给你一样，把爱情的生杀大权给你，让你不会受到伤害——最起码不会在我这里受到伤害。这也许并不惊天动地，也不像别人那样轰轰烈烈，可这就是我对你的爱。"

时间仿佛凝固在了这一刻，她止不住泪如泉涌。是的，丈夫一直是这么爱她的，丈夫给予她的一直是刀柄之爱，不让她受到任何伤害。

婚姻生活中，对方给予自己的爱，大多时候就像穿梭在荷叶下的青鱼，当荷花绚丽盛开，你倾心于花香扑鼻的芬芳时，青鱼只是无声无息地在水中游动；当荷花凋谢如秋风中的落叶，你那被诱惑已久的目光收回时，才发现青鱼不仅给你带来一串串鲜活的呼吸，而且已经充溢在你生活的每条脉络之中。

陈叔和韩姨是一对恩爱的夫妻，他俩今年都快70岁了。在他们的婚姻生活里，俩人几乎没有红过脸，并且一直相依相伴生活在一起。退休后，他们生活得更幸福了。

每天早上他们都会一起上街买菜，韩姨买，陈叔拉拖车，回到家，一个摘，一个炒，家里每天热气腾腾地。他们还精心研究营养菜谱，变着花样做出美味的菜肴。

每周他们都会安排两天出游的时间，选择一个晴好的天气，带上精心准备的行装。韩姨总会穿着亮丽的服装，在陈叔的单反中出镜，每次游玩回来，他们还会将美丽的照片剪辑成精彩的视频存放起来。

每月他们还会跟朋友们聚会，或弹唱、或打牌、或跳跳交谊舞，总之他们的退休生活十分怡然自得。

因为生活幸福，两老神采飞扬，健朗矍铄，看起来不过50出头的样子。

有人问他们："为什么你们一辈子都不争吵，这么恩爱，你们到底有什么秘诀？"

韩姨回答说："年轻时我们也争吵过，看不惯对方，对生活不满意。我们的关系像坐过山车似的，好的时候就像糖稀，甜甜蜜蜜，扯也扯不断；差的时候恨不得鱼死网破。这种极端的情绪让我们感到很累，更感受不到婚姻的幸福。时间长了我们发现婚姻就像白开水似的，虽然无色无味但却甘甜无比，滋养着我们的身体。于是每当我们看见对方生气了，便立刻避开他，不激化矛盾，生气的人也就消气了。"

陈叔回答说："我特别喜欢画小桥流水，我觉得我们的生活就像溪水一样细缓、清淡，却一路上充满了爱！"

婚姻就像围城，站在外面的人总以为城堡里住着王子和公主，他们不是在花园里漫步，就是在月光下共舞，吃着烛光晚餐、听着西洋音乐。然而，这样童话般的婚姻在生活中极为少见。

大部分人要通过辛勤的工作来满足生活的需要，回到家里要面对柴米油盐的琐事。她在家里像个超级机器人，忙得没时间抬头看他一眼；他在电脑前加班工作，都不知道她今天穿了一件新衣。什么我爱你，爱的抱抱，都成了多余的事情。当家庭菜谱成了必修课，当《唐诗》《宋词》成了书架上的装饰品，当昔日帅气阳光的男生也开始变得发福臃肿……婚姻让王子和公主了解到什么叫梦想很美满，现实很骨感。对于女人来说，心理当然是有落差的。

其实，婚姻让两个陌生的人走到一起。从此以后，你就要学会接纳你生命中的这个人了。他跟你不一样，但他是你终生的伴侣、你的爱人，你需要学会跟他友爱共处，爱他身上的优点和缺点，去包容他、去理解他。

也许，他不爱干家务，大男子主义，但他对家庭非常负责；

也许，你们生活得很清贫，但你们坦荡平和，踏实幸福；

也许，你们没有浪漫的约会和烛光晚餐，但他下班会带回你最爱吃的零食；

……

幸福的婚姻就是在漫长的人生道路上，你们一起努力，踏实地走好每一步，在平淡中享受幸福，而你们的爱就包含在平淡的每一瞬间。幸福的婚姻是煲出来的，用文火慢炖的汤更加醇香绕齿，令人回味。

婚姻生活本来就是一种现实的生活，完美无缺的婚姻只存在于人们的遐想和文学作品中。然而，只要夫妻双方共同去努力，在日常小事上多一些体贴和关爱，婚姻的幸福感就会大大增加。

4. 不要把家庭的和睦"吵"掉

在微博、朋友圈上,有人将受伤的婚姻比作衣橱里一件曾经宠爱的旧衣,既穿不出门,又没办法丢弃。丢了觉得可惜,穿出去款式又太落伍,放在衣橱里又占据了空间,不给新装让路,等待潮流复回却不知道要到何年何月。

对于这个比喻,很多人会在下面点赞表示认可。这个比喻虽有几分形象,但婚姻与旧衣却有着本质的不同,婚姻历经的是岁月,它承载了两个人相爱相守的时光,旧日温馨的回忆已刻入岁月的烙印。

相信所有选择进入婚姻的人都希望自己以后的生活能够幸福。但是,当有一天我们的婚姻出现红灯,我们是选择紧急撤退,还是给自己的心理准备一段从失落到独立的过渡期?

如今的离婚手续越来越简便,有多少冲动草率的夫妻一纸离婚书从此沦为陌路人。没有迂回曲折的磨炼、没有宽容耐心的修补,当有一天后悔当初的简单和粗暴时,一切都已覆水难收、物是人非。

所以,当我们的婚姻出现危机时,我们可以尝试先让它缓一缓,让时间先来治愈这个创伤。当我们平静下来,客观地看待和分析一切问题,我们作出的决定才会是理性的,才不至于在未来让自己感到后悔。

有一对夫妻,丈夫是退伍军人。转业后,因为妻子深爱着自己的丈夫,他们决定回到丈夫的家乡定居。为了照顾婆婆和家人,他们在中心城区专门购置了一套复式楼,一大家人幸福地生活在一起。

然而两年过去了,妻子开始不开心了,婆婆常常在家里招待亲友，铺张浪费不说，生活习惯也不好，每天家里就像对外营业的餐厅，弄得妻子完全没有自己的空间。而她的丈夫却从不听取她的意见，支持婆婆的一切行为，反而责怪妻子小气。妻子在家里越来越没有话语权，她开始迷上麻将，将大把的时间花在了麻将室。接着轮到丈夫不满了，夫妻俩因为生活琐事不断争吵，最后发展到离婚。

我们常把婚姻比作自己脚上的鞋，当鞋子磨脚的时候，不要先想着甩掉鞋，换鞋。因为这鞋也是我们付出了代价购买回来的，再说就算是换了新鞋，开始也是会磨脚。如果鞋磨脚，可以想办法先处理一下，比如在脚后跟贴上创可贴，或是在鞋跟抹上白酒等。当我们的婚姻出现伤口的时候，先找一张"创可贴"，把伤口贴上，缓冲一下再做决定。

那么，婚姻中的"创可贴"到底是什么呢？其实就是在冲突和问题来临的时候先让自己冷静下来，找到变通的办法，给自己和对方一个缓冲的机会。或许冷静过后，找个恰当的时机，双方进行沟通和交流，找到问题的关键，然后着重解决问题。

婚姻将两个人连接在一起，从此荣辱与共。谁都有出错的时候，这时我们千万不要一味地争吵，这样不仅会把家庭的和睦"吵"掉，还会让婚姻瓦解。当婚姻出现问题的时候，冷静下来，思考一下：我们的婚姻是否还有修补的必要？如果有，就算留有痕迹，一样也可以使用，最重要的是，这件珍贵的东西还属于我们，而经过这番修补，原来的裂痕反而会固若金汤；如果没有，那么请趁早丢弃，去寻找自己的另一片天空。

当婚姻出现问题时，不必锱铢必较，冲动离婚，要学会接受白璧微瑕的遗憾。给自己、也给对方一个机会，让我们给爱一个机会。

事实上，在婚姻中完全做到零争吵几乎是不可能的。牙齿和嘴巴尚有磕到的时候。那么，应该如何在婚姻中减少争吵呢？这里有两个简单、实用、有效的方法。

（1）默念：对不起，请原谅，谢谢你，我爱你，15—30分钟

这个方法就是每天找一个安静，独处的空间，默念自己的名字或让自己放不下的人或事，默念：对不起，请原谅，谢谢你，我爱你。建议持续15—30分钟。

这个方法最核心的一点就是停止抱怨，停止愤怒，用爱来化解曾经的负能量的情绪。这个方法是关闭负能量的开关，切换到正能量的频道，打开正能量的开关。这个方法用在夫妻之间，可以让夫妻重新回到初恋的甜蜜，让夫妻成为一辈子的情人；这个方法让夫妻之间充满了爱和感恩，爱和感恩可以解除夫妻间所有的负面能量；这个方法可以让女人绽放，活出魅力；这个方法让我们拥有的爱始于爱，这份发自内心的爱能疗愈彼此的心。

（2）发掘对方的优点，用自己的优点来弥补对方的缺点

女人经常会盯着丈夫的缺点耿耿于怀，用自己的优点和对方的缺点去比，这样越比较心里越烦，争吵就更容易发生。如果女人能发掘对方的优点，用自己的优点来弥补对方的缺点，那么你可以瞬间激活对方，让对方不断看到自己闪光的地方，让自己也不断地成长，形成一个相互欣赏的能量场，这样就能建立彼此正能量的循环。

最后，请记住：只有经历过百转千回，你才会懂得，中途那些枝枝蔓蔓，需要你与他同在那段时光里披荆斩棘。

5. 相互勉励，携手共进，这才是幸福家庭该有的样子

在如今的家庭里，我经常发现这样一种现象：男人紧跟时代的步伐，好学上进，而女人"隐居"家里，与时代脱轨。可想而知，这样往往会导致两人逐渐产生隔阂，必然会影响交流，导致家庭不和谐。

所以，相互勉励、携手共进的相处模式有利于两个人共同进步，树立一致的目标，这样的婚姻和爱情才会有活力，幸福才会持久。

> 黄海霞和丈夫周飞恋爱的时候十分甜蜜，美煞旁人。黄海霞非常粘人，但那时沉浸在爱情里的周飞认为这就是"爱"，没过多久，两人就闪婚了。
>
> 结婚后两年，黄海霞遇到了工作的瓶颈，做什么事都不顺，每天回家都是气鼓鼓的。此时周飞的事业如日中天，已经是部门经理了，可以独自负担家庭的开支。于是，黄海霞毅然决然地辞了工作在家相夫教子，每天除了逛街化妆，就是追剧追星，要不然就是锅边灶台，柴米油盐。这样的日子过了一年，黄海霞越来越心虚了。
>
> 原来，黄海霞发现，自己和周飞越来越没有共同语言了，除了要交煤气费了，家里水龙头坏了，实在是没有别的话题可聊了。她听周飞讲着事业的规划，讲着外面的世界，突然觉得丈夫变成了另外一个人。黄海霞非常害怕失去丈夫，对周飞的依赖变本加厉，每天至少要往周飞办公室打五六个电话。
>
> 更严重的是，黄海霞怀疑周飞有了外遇，每天下班第一件

事，就是盘问周飞今天做了什么，甚至还查看他的手机，这让周飞忍无可忍。没过多久，周飞真的有了外遇，他牵着另一个女人的手，出现在黄海霞面前，对她冷漠地说："我们离婚吧，因为你不能和我一起成长。"

爱情和婚姻是神圣又美好的事情，但是，如果两个人不能共同成长，共同进步，再坚固的感情也会被两人越来越大的差距消磨掉。结婚后，女人不应该一直沉浸在爱情的花前月下里。耳鬓厮磨只是暂时的，男人需要的是能和自己一起成长的好伴侣，而不是一个只知道撒娇、发嗲、任性的小女人。只关心柴米油盐，不懂得自立的女人，是跟不上男人前行的脚步的。当二人的鸿沟越来越深，走到最后葬送了这段来之不易的感情时，后悔也来不及了。

所以，只有处于同一心理时段，两人的相处才最自然、最轻松、最平和，婚姻最好就是两人发展同步而且共同进步。

女性朋友，不要以为结了婚就万事大吉了，一张结婚证并不能拴住爱人一辈子。如果对方在不断进步，你却"不思进取"，最后只会被对方甩得越来越远，差距越来越大，无形中，自己和爱人之间就多了一条无底的
深渊。如果不想自己的爱人离自己越来越远，越来越陌生，你就要努力学习，看到对方进步，自己也要努力跟上。相互勉励，共同进步，这才是家庭该有的样子。

这几年，离婚率越来越高，很多女人都在抱怨"很难找到相守一生的人"。其实，这其中的很大一部分原因就是缺乏共同语言，缺乏同舟共济的生活体验。因此，女人想要家庭幸福，最重要的是，让自己和对方一起进步。

男人即使再强大，也需要女人的支持。所以婚姻中的两个人都要在对方遇到困难时，不离不弃，相伴左右；在对方迷茫时，指点迷津，共待柳暗花明。让蕙质兰心的女人成为丈夫的贤内助，让足智多谋的丈夫成为妻子的智多星。夫妻二人在婚姻中不断学习，才能创造出幸福完美的婚姻。

6. 找点空闲，找点时间，常回家看看

  对于父母，特别是年老的父母而言，还有什么比子女的陪伴更重要、比儿孙绕膝的欢闹更幸福的事情呢？然而，当代的很多父母们，物质生活丰富，吃穿不愁，衣食无忧，但辛苦养大的儿女却为了自己的前途和父母的期望不得不奔赴远方，让年老的父母们家中"空巢"，内心孤独。儿女们寄再多的钱财，也不及回家陪伴父母一天两天更让他们觉得幸福。所以，对于现代子女来说，最好的孝敬是陪伴，最好的孝行是常回家看看，别让父母望眼欲穿，别让父母倚门空盼！

  俗话说得好，"儿行千里母担忧。""母年一百岁，常忧八十儿。"子女是父母永远的牵挂和企盼。而九万里风鹏正举的总是孩子，依闾空待的永远是父母。特别是现在，在这个生活压力越来越大、流动性日益增强的现代社会中，能够安心地守着父母过日子的人又有多少呢？为了生计和发展，越来越多的人无奈地走出家庭，告别父母，甚至远离故土。"父母在，不远游"，已成为美丽的期盼和遥远的怀想。漂泊的时间越来越多，与父母相聚的日子越来越少，甚至过年过节、父母的生日或是家庭的重大纪念日，我们都会因为各种各样的事情和各种各样的原因，回不到父母身边，那个曾经温暖你我的家现在就只有正在老去的爸爸妈妈了……

中央电视台播出过这样一则公益广告，发人深省。说的是一位老母亲准备了一桌饭菜，就等着儿女们回家了。她站在门前左顾右盼，却等来了一个电话。开始她很开心地接起电话，只听那边说"妈，我有工作要忙就不回家吃饭了"，说完就挂线了。一会儿，二女儿又打来电话，说公司有事，也不回来吃饭了。最后，小孙子也打来电话，很快地说完了一大段话："奶奶，今天我上游乐场玩，就不去奶奶家吃午饭了。奶奶再见！"老母亲还没和孙子说上话，孙子就挂断了电话。她无奈地放下电话，叹了一口气……老人很失望，自言自语"都忙，都忙……忙好啊……"深夜，老人独自一人披着外套坐在沙发上看着电视中和家人合拍的照片……

其实作为儿女，我们真的有那么忙吗？我们真就抽不出一点时间来看看父母吗？连陪父母吃一顿饭的时间都没有吗？也许真正等到父母不在了，自己才会感到后悔，但那又有什么用呢？

张娜在深圳一个外企工作，正当她事业步入成熟期、老板准备提升她为部门经理时，她突然接到母亲打来的电话。在电话里，母亲告诉她，父亲病危，让她尽快回家。张娜立刻放下手里所有的工作，坐最早的班机赶回了老家。当她走进家门的时候，只看见所有亲戚已经围在那里，而父亲正安详地躺在床上，再也不能睁开眼睛跟张娜说说话了。张娜一下子接受不了这个事实，陷入极度的悲痛中不能自拔。

从小到大，父亲都是最疼她的，视她为掌上明珠，父女俩的关系也一直很好。张娜大学毕业刚去深圳上班时，几乎每天都会打一个电话回家，与父亲聊聊天、说说话。后来工作越来越忙，张娜往家打电话的时间也越来越少。张娜以为，等自己

修身养性 做心静如水的幸福女人

做出优异的成绩，自会把父母接过来一起过好日子的。

然而，张娜做梦也没想到，父亲竟然在她即将奔向成功的那一刻，永远地离开了她。突然间，她失去了奋斗的目标，失去了驱使自己前进的动力。她后悔自己太自私、太任性了，甚至在父亲要走的最后一刻都没有陪在他身边。父亲的离开给张娜敲响了警钟，忽然之间，她发现母亲已经那么苍老了，她真的醒悟了，自己不能再忽略了母亲。于是她把母亲接到了自己身边，好好孝敬她，珍惜母女俩共处的每一段时光。

常回家看看吧，不要等到失去了以后才后悔。有父母在，你就是个有人牵挂、有人疼爱的孩子，就是一个宝。珍惜每一次与父母相聚的时光吧，多陪陪他们，哪怕是给他们一个开心的笑脸，一句温暖的问候，他们都会感到很满足。他们期望的不是大富大贵的显赫，而是合家团聚、其乐融融的天伦之乐。等父母不在了，你有再多的时间和金钱也不能孝敬他们，这真是人生的一大悲哀，是人生永远没办法弥补的痛。所以，尽孝要及早，不要给自己和父母留下遗憾。

只要有父母在，身后就总是有两双慈爱亲切的目光关注着你，关心你的工作顺不顺利，过得好不好。你只要有一点情况，立刻就会得到他们无条件的支持和无私的援助，时时让我们享受到父母的恩情和付出。在他们那不断的唠叨里，有着他们当年的经验之谈，有对你现在任性的批评与规劝。也许，就是那些令人听腻了的唠叨，让我们学会了走好自己的人生之路。

只要父母健在，我们就可以尽孝尽责。要是能与父母住在一起，就多出力；要是不在一起，就多尽心。打个电话问候一下，通过视频聊聊天，寄点儿钱或者买些父母喜欢的物品，但最好的还是常回家看看。父母欣慰，我们开心，那才是天伦之乐，那才是真正的幸福。

父母能够理解我们的忙碌，但是我们作为儿女能够理解父母的空虚寂慰吗？东西、钱并不能弥补生活的空虚，请多抽点时间陪陪父母。逢年过节，多回家陪陪父母，多给点关怀，哪怕是一两天，别让我们的父母总是感到孤单……

常回家看看，其实也不需要你干很多活。家中有个孩子，父母有了一个倾诉的对象，他们心里舒畅；家中有个孩子，父母的万般爱心有了着落，他们心里高兴。

常回家看看，其实也不需要你花多少钱。中秋一盒月饼，重阳几块糕团，偶尔带去一篮水果，或从刚发的奖金中拿出几张来悄悄放在父母的桌上。这一切并不会成为你的负担，反而会让你心中有幸福的感受。

常回家看看，其实也不需要你费许多时间。中午吃饭，傍晚下班，自行车拐个弯去一趟，来回用不了多长时间，但温暖了父母，也温暖了自己，也正是这天长日久的"拐个弯去一趟"，惹得父母家屋前屋后、楼上楼下的邻居也羡慕。

用小沈阳的一句话说，"人这一辈子啊，眼睛一闭一睁一天过去了，一闭不睁一辈子过去了"。人生是很短暂的，不要将尽孝道变成永远的"未来时"和"未完成时"。

也许很多女人都会有这样的感觉：虽然和父母同住一个城市，但由于事情太多，老是抽不出时间回家。总觉得走到哪里也是父母的孩子，他们总在那个老家守候着，回家多一回少一回无所谓。某一天听到某首歌，突然间醒悟过来了，感到父母的牵挂是那样的纯洁、无私和默然，如夜晚天空中的明月，柔静地照耀在儿女们的心中。于是，回家的时候，站在门外，总感到内疚，像一个做了坏事的孩子将见到大人那样，心里忐忑不安，总好像谁在责备着自己。敲门的时候，猜想着父母正在家做什么事。进了家门，看到父亲缕缕花白的头发，母亲渐渐苍老的脸，就会有一种心痛的感觉。

常回家看看吧，也许你现在的事业才刚刚起步，也许还尚未成功。这些都不是最重要的，父母最想得到的是你的一个笑脸，一个拥抱，一声

"爸、妈",一句问候的话语,最重要的是健康平安的你。

常回家看看,一份真情赢得父母更多的关爱;常回家看看,点滴孝心也教会子女做人的道理;常回家看看,将孝道传递下去,你将收获更加持久的亲情!每逢周末,看到自己的孩子给爷爷奶奶打电话问好,看到孩子特地去看望爷爷奶奶和外公外婆,看到他竟然与老人有那么多的话说,你的心里会甜滋滋的。因为你的"常回家看看",已经造就了"接班人",等你老年后绝不会孤单寂寞。

常回家看看吧,不管多远,不管在外面混得怎么样。即便再落魄,父母也不会嫌弃;即便再风光,也不能扔下父母不管。别让父母翘首以盼……

第五章

从容淡定，心宽了就快乐了

人活的就是一份心态，心宽了，那些烦恼便也微不足道了。如果我们的心中住着一片海，即使有再多的苦与累，也都能融入海里，不惊起一丝波澜。没有人一生总是一帆风顺的，重要的是从容淡定，不要让坏情绪左右你的心情。要知道，快乐是女人一生的主题，拿走挂在心里的"鸟笼"，以一种花开的姿态，做一个从容淡定的女人。

1. 快乐是女人一生的主题

作为一名在职场奋斗的女性，你是不是常常为职场上的钩心斗角而心烦？

作为一个家庭主妇，丈夫的挑剔是否让你感觉生活无望？

作为一名母亲，孩子的调皮捣蛋是否让你感到无奈？

……

有些女人也许会为爱痴狂、为金钱所迷惑，想要抓住机会青云直上，也想找一个"金龟婿"白头偕老，可是在追求这些的过程中，往往丧失了最宝贵的快乐。我们在极度郁闷时，总希望能有些快乐的事情让自己放松一下，其实快乐很容易，取决于你有没有一双发现快乐的眼睛。

程琳的性格非常内向，穿衣打扮也很朴素，但是大家都很羡慕她的家庭，她有一个工作能力强的丈夫，还有一个上进心十足的女儿。有一次在和同事聊天时，她对同事说，虽然丈夫工作能力很强，但却来自农村，家里还有几个兄弟姐妹，也没什么工作机会。女儿虽然在国外读书，可高昂的学费和生活费让她喘不过气来。除此之外，每月还要给丈夫老家寄生活费，自己跟丈夫这些年吃苦头了。一想到女儿未来出嫁连个像样的嫁妆都没有，就更心烦了。

同事听完后劝她说："其实你的情况好多了，这个世界上还有好多人过得比你更艰难呢，你不用这么灰心丧气，离女儿出嫁还早呢，干吗这么早操心？你应该多往好处想想，比方说：我这么孝敬公公婆婆，丈夫一定非常感激我，以后肯定会工作得更卖力，家里的情况就越来越好了。或者，我女儿这么争气，回国后一定能找到一个金饭碗，现在的付出是值得的。虽然目前的经济条件不尽如人意，可是未来还有那么多时间，谁说得准呢？你看看，这样想一想，心里是不是就好多了？"

生活就像是一杯纯净水，你希望它是甜的，就放一些糖；你希望它是酸的，就加一点醋。你想把生活过成什么样子，决定权在你的手里。有句话说得好："生活中并不缺少美，而是缺少发现美的眼睛。"同样的道理，生活中并不缺少快乐，只是你在抗拒快乐。

从今天起，让我们敞开心胸，让快乐永驻我们的心田，用一双善于发现快乐的眼睛去发现生活中的美。要相信，只要能保持乐观开朗的心态，就能收获更多快乐。

清晨，当你坐在梳妆台前打扮自己时，不妨先对自己说："今天又是快乐的一天。"即使昨天愁云密布，也要相信今天一定能找回双倍的快乐。

有的人把女人比喻成一朵花，有盛开的时候，也有凋零的时候。再绚烂的生命，也有油尽灯枯的一天。那么我们应该如何度过这短暂的一生呢？快乐是一天，难过也是一天，我们为什么不用快乐的心情过好每一天，让自己的人生充满阳光呢？

在我们周围，经常会遇到一些愁容满面，抱怨连连的"祥林嫂"，她们把自己束缚在一个狭小的空间里，她们的生活只有锅碗瓢盆，这样的生活怎么会不让人厌倦，怎么会有快乐呢？

实际上，我们每个人都会遇到烦恼，但是不管发生什么事情，我们都要学会乐观面对。快乐就是一种积极的心态，一个女人能从平凡的生活中发现不平凡的快乐，她才会体会到生活的美好，不是吗？

我们应该如何扫除内心阴霾，做一个幸福女人呢？

（1）好好体会假期的快乐

在休息的日子里，你大可不必像工作日那样，把生活变成战场。我们不妨慢下来，做平时想做而又没时间做的事情。和朋友来一次悠闲的下午茶，或是和恋人一起来一次周边游，享受甜蜜的二人时光，总之，好好体会假期的快乐。

（2）经常奖励自己

情人节、圣诞节、自己的生日，女人们总盼望着能收到礼物，也因此影响最近的心情。我们也可以自己送自己礼物啊，项目完成得好，买一只口红犒劳自己；最近加班太累，买一双新鞋换换心情；或者，我偶尔就是要任性一次，没有理由，就要买买买。当你"收到"自己的礼物时，心情也会豁然开朗。

（3）在音乐中释放压力

劳累一天回到家中，打开音响，听听自己喜欢的音乐，让自己徜徉在音符的世界里，哪怕只有短短的几分钟，也能让你放松精神。

（4）多和朋友相处

很多女人在谈恋爱、结婚之后，就把生活的重心放在另一半和家庭上了，慢慢忽视了和朋友的来往，当她某天需要和朋友聊聊时，发现自己已经"落单"了。因此，不管在什么时候，都要保证自己身边有一两个"老铁"，偶尔一起逛逛街，看看电影，从繁琐的生活中脱离出来，不就又重拾快乐了吗？

（5）女人一定要对自己好一点

有句话说得好，你自己都不爱自己，为什么要求别人来爱你？因此，女人一定要学会自己宠爱自己，多运动，保持姣好的身材，注意饮食，让自己随时都在最佳状态，看着自己一天比一天美丽动人，是不是心情也好多了？

其实,快乐很简单。你,学会了吗?

2. 不要让坏情绪左右了你的心情

俗话说:"女人心,海底针。"一位心理学家曾把女人的情绪比喻成波浪,认为女人的喜怒哀乐难以琢磨。的确,很多女人在感到压力大或遇到棘手的问题时,容易情绪波动,出现焦虑、发愁和急躁等情绪反应。女人几乎已经成为情绪化的代名词。

连续工作了一个月,这个周末陈程终于可以休息一下了。早上起床后,她正打电话问候自己的好友,可是调皮的儿子却拽着她的衣角不停地问一些问题,烦躁的她忍不住粗暴地挂了电话,对儿子劈头盖脸一顿指责,结果儿子开始不停地抽泣,而丈夫则指出陈程的行为有些过分了。顿时,陈程的大好心情被破坏了。她一直想着这件事情,结果由于心不在焉,倒牛奶时不小心洒了烫到了自己,陈程十分火大,认为都是因为儿子和丈夫吵闹使她的心情变得十分糟糕。

事情还不止这样,洗碗的时候,陈程还打碎了一只杯子,虽然不值几个钱,但她简直要崩溃了。就这样,陈程几乎整天都没有什么好心情,她带着火气擦地、整理衣物,时不时教训着儿子,也没有心情和丈夫说一句话。晚上睡觉前,她还不停地抱怨这一天发生的事情。这时候,丈夫温和地提醒道:"儿子有什么错呢?孩子还小,缠着大人是常事,不高兴的事情都是你自己造成的,更何况,那是多么微不足道的事情,你为什么要把自己弄得这么烦躁呢?"

看看陈程的一天,就像著名作家肖剑所说的一句话:"很多时候,让我们疲惫的并不是脚下的高山与漫长的旅途,而是自己鞋里的一粒微小的沙砾。"

女性天生比较感性,也就更容易情绪化。喜怒皆形于色,哀乐尽表于心,一遇到事情就容易激动,容易被情绪控制,以至于失去理智和冷静,冲动行事,影响到工作,也影响到自己的形象。这其实对于职业女性来说是很吃亏的。因为在职场,一个情绪化严重的女性,动不动就发怒,或是动不动就哭、就生气的女性,通常会被人认为是不冷静、不专业、能力平庸,即便能力很强,晋升之路也很难。对于无情的职场来说,本来生存就很难,如果过于情绪化,总是要由着自己的性子来,会痛失很多机会。

老板这回不知道为什么发那么大的火,不就是出了一个小错吗?丁娜委屈得不行,但还是诚恳地认了错。但老板不依不饶,还在不停地怒吼。于是丁娜的火气也一下子冒上来,把文件夹一扔,大声回道:"你说够了没有?能不能闭上你的嘴?我不干了不行吗?"说完拂袖而去。

但很快,后悔就在心里蔓延开来。丁娜说:"辞职离开公司的那一刻觉得自己很牛。睡了一觉醒来,很快满脑子就是'又要找工作了'的念头,我开始后悔当时太冲动。"但开弓没有回头箭,她只好四处找工作,找了一段时间,才找到一份适合自己的工作,现在她评价那次辞职是"一次赌气多过理性的行为","其实我的老板还有很多可爱的地方,自己没有必要那么极端,那么快做决定。"

张静在广州一家大型外企已经做了大约两年的采购主管,年初时,因不满领导提拔了一位新来的同事而没提拔她,与领导大吵一架，愤然辞职。"平时出差、假期、福利就偏袒她，我都忍了，现在又是提拔。论能力还是论资格，我都比她强，我就是气不过。"一个月后，张静还在找工作，"我当时太冲动了……"

工作了4年的妙妙，也很后悔自己因厌恶客户而放弃订单，导致放走了一些很有潜力的长期大客户。当时有些客户想"吃拿要"，言行更是粗俗，她一赌气就干脆不做那几单生意。她的同事转去跟进，业绩增长很快。自己回想起来，其实客户的行为并不算非常出格，自己缺乏经验和远见，太情绪化，错失良机。

"一朝失足千古恨，再回首已百年身"，后悔又有何用？

与男性相比，女性的情绪更易外露。哲学家康德也说过，女性的细致和敏锐使"她们对极其微不足道的羞辱都十分敏感，对一丝一毫的怠慢和不尊重也能感觉出来"。如此敏感的女性其情绪也易受影响而不稳定。

然而，工作中若不具备控制情绪的能力，情绪上的多变会使工作效率降低，更重要的是，情绪会掩饰不住地表现出来。不能保持理性的自信和热情就不能激励下属，难以影响他人。如果不能保持冷静，遇到困难就可能无法理智地加以思考，造成乱中出错的局面。可以想象，一个连自己都管束不了的人如何去领导和影响别人。

事实上，职场如战场，比的不仅是能力和实力，更是自控力和耐受力。愤怒时，不能遏制怒火，使周围的人望而却步；消沉时，又放纵自己的萎靡，把稍纵即逝的机会白白浪费。一个冷静、理智、自尊、自信的女性，才是职场最精明强干、最有前途、也最受大家欢迎的一员。而情绪化的女性，不仅老板不喜欢，不重用，同事也会很讨厌这样的人，害怕与这样的女性打交道，不愿与她们合作。

日本网站不久前对"哪种类型的职场女性不受男性欢迎"进行了调查,结果显示:排名第一的是"过于情绪化"的女性。60.4%的男性表示不善于和"情绪化严重"的女性共事。排在第二位的是"过于势利","好胜心过强"则紧随其后。

对于女人来说,理性、冷静和自制是美德,也是能提升自我形象、赢得更多尊重的特性。要控制自己的情绪,不让自己过于情绪化,保持职场女性应有的冷静、理智和自尊。

有时候,女人真需要检讨一下,生活中多少不快乐,其实是自己折腾出来的。那些过得快乐而从容的女人并非没有烦恼,而是她们能控制自己的情绪,心胸宽广,心境超脱,不为鸡毛蒜皮之事抓狂、斤斤计较,如此也就求得了心理上的平静。内心世界清静了,也就能腾出更多的精力去做更重要的事情,如此也就更能感受和创造生活的美好。

米开朗琪罗·博纳罗蒂曾说:"被约束的才是美的。"对于情绪来说,也是如此。无论何时,你能够控制自己的情绪,那么你将是一个从容淡定、快乐的女人。

在生活中,你也许对自己的婆婆不满,对丈夫的一些朋友不悦,但这些情绪要能很好地抑制住,否则一旦爆发,家里就永无安宁之日了;在工作中,也许你对某个同事十分不满,也许哪个上级令你十分厌恶,但你不能把这些情绪随随便便发泄出来,更不能对他人使脸色,否则你的工作将危机四伏。

有智者说,适度地隐藏自己的情绪是智慧的体现。诚然,要做到喜怒不形于色,确实不是一件简单的事情,它要求我们有很强的自我克制力,不论发生什么,都要以大局为重,告诉自己忍一忍,放一放,这样做的好处是:把喜怒哀乐在情绪中抽离,便能够用冷静客观的心态去面对自己所遇到的事情,思考它给你生命中带来的积极意义。

想要享受生活，懂得幸福的真谛，就要消除那些不良情绪。我们的心就像一个杯子，当杯子里装满砂石，又怎么能装进去清澈的水呢？清除心中的灰尘，才能让幸福的泉水源源不断地涌入心中。那么，如何有效地控制自己的情绪，避免自己情绪化呢？我们可以尝试以下方法。

（1）怒气正大的时候，不必刻意压抑怒气，但需要平息冲动，同自己沟通，想想自己为什么发怒，想想发怒的后果是什么。努力开导自己，告诉自己无需为别人的错误而惩罚自己，要是为这样的事情而大发雷霆，那简直是在浪费生命。

（2）当迁怒于别人时，问问你自己究竟是在对谁生气。寻求其他人的支持，直接面对引起你愤怒的来源。反复地告诉自己，我不要生气，不要冲动，我要心平气和，我要心情愉快，我不能自己伤害自己，更不能伤害别人。

（3）当出现冲动行为时，深呼吸，控制自己，告诉自己暂停三秒钟，然后再行动。

控制好自己的情绪也是需要练习的，当它形成习惯的时候，你就会发现，原来成功地控制自己的情绪也没有想象中那么困难。

3. 抱怨世界，不如改变自己

"我怎么这么不幸？"

"他怎么这么不懂得体贴我？"

"我的孩子为何总是不能像别的孩子那样优秀？"

"我的婆婆怎么这么恶毒?"

……

在生活中,不管身在何处,我总是能听见许多女性这样或那样的抱怨。这真是一个奇怪的现象,为何女性就喜欢抱怨?为何有"怨妇"之说?

工作中,我有一个关系要好的同事,她工作上很照顾我,但就是一点,她太能抱怨了。不管大家出去玩还是吃饭,哪怕后来我跳槽了,她都在抱怨她的工作多么无聊,老板多么苛刻,丈夫多么不体贴人,仿佛她遇到的都是"人间极品"。

刚开始,我还耐心地开导她,后来我就默默地听着,该干吗干吗,不做任何评价。因为我已经词穷了,不知道该说什么了。再后来,我和同事聚会,就不太愿意叫她了,我们谁也不愿意再接收到这么多的负能量。

经常有很多女性向我诉说她们的抱怨、困惑、委屈,仿佛世界都欠她。我也收到过很多微博私信和微信消息,多数也是向我抱怨自己的经历有多不幸。

见过太多的抱怨,我发现女性抱怨的无非就是生活不容易、工作不顺心、家庭不和睦、感情不顺利、人际关系不和谐这几件事,但我想说的是,这样的困境是我们每一个人都会遇到的,我们哪个人不是这样挣扎着度过自己的时光的?

我们抱怨自己是世界上最不幸的人,事实远非如此,比我们更不幸的人数不胜数。

比起那些经历过大起大落的人,我们这都不叫事儿。比如和同事相处得不开心,父母不理解自己的选择,自己生病了高烧不退等。当你渡过这些困难,回头看看,你会发现当时的自己实在是太幼稚了,就这点事也值得自己愁眉苦脸?

说到这里,很多女性可能会认为那些看上去神采奕奕的人,他们的生活一定是美好的,肯定没啥烦心事。事实上,家家有本难念的经,别人吃的苦，只是没让你看到罢了。

　　我有个朋友特别牛，比我还小两岁。主业是广告公司总监，广告作品获得过不少大奖，除此之外，她还是一名作家、电台主播、国家二级心理咨询师、心理催眠师、二级人力资源管理师。

　　你一定会说我在骗你，但这是真的。她每天只睡5个小时，每天坚持写作，每篇不少于3000字。她从来没说过自己辛苦，也从不抱怨什么。她说得最多的话就是："我还得加油啊。"再就没别的废话了。

在人生的道路上，谁都有不如意的时候，别到处抱怨，没有人愿意听到负能量的话，也别让抱怨的阴霾盖住了我们幸福的影子，让自己变成祥林嫂这样让人唯恐避之不及的人物。

　　曾经在网上看到这样一则故事，与大家分享一下。

　　一家四口开车去郊游。在郊外，女儿刚拿到驾照，有些兴奋，想试试自己开车。于是父亲在旁边指导女儿开车。女儿试了几圈后，激动不已，甚至忘了自己是驾车新手。得意忘形之际，女儿的车撞到了一棵大树上。结果，女儿受重伤，坐在副驾驶的父亲当场死亡。

　　当女儿在医院里醒过来后，母亲紧紧把她抱在怀里。剩下的日子，母亲一个人艰辛地养育着女儿和儿子。十几年过去了，女儿已经嫁为人母。有一天，她问母亲，为何当年因为自己的原因造成爸爸离开了他们，母亲没有说过自己一句，也没有抱怨过一句。母亲望着她说："你爸爸已经离开我们了，我再抱怨也不能让他活过来，我又何必让我的女儿也活在痛苦和自责中呢？还是让幸存的你，活得快乐些更重要。"

听完这个故事，大家可以试想一下，如果你是这位母亲，你会忍住不抱怨吗？但如果你抱怨女儿和生活的话，除了增加女儿的痛苦外，还能有什么呢？

所以，抱怨解决不了生活带给你的任何问题，反而会让事情变得更糟。与其抱怨世界，不如好好改变自己，让自己活得轻松一些，让对方也活得轻松一些。这样的结果岂不更好？

一味地抱怨，只会让眼前的灰暗阻挡我们寻找美好的脚步。拨开云雾见月明，跳出眼前的不愉快，你会发现，生活不止眼前的苟且，还有诗和美好的远方。关于如何改变自己、不再抱怨的方法，我没有一个完全行为准则可以告诉你，因为这是一件私人的、有关个人性格的事情。但我可以提供几个建议给大家，或许对你改变自己有所帮助。

（1）冷静对待不愉快的事

不愉快的事是最容易引起抱怨的。如果你真的遇到不愉快的事，想办法调解一下自己的情绪，等到自己完全冷静下来后，再把事情拿出来讨论、分析。讨论的时候要心平气和，保持理智，不能使用过激的语言。

（2）少些计较

之所以我们有两个耳朵、两只眼睛、一张嘴，就是要我们多看、多听、少说，所以，不妨不时地糊涂一下，因为做人有时少一些计较，就会多一分幸福与美丽。

（3）给自己积极的暗示

如果你真的很想摆脱抱怨和负能量，就试着想想那些让人开心的事情，比如下个月会有个休假，朋友从国外给自己寄了礼物等。向周围的人汲取更多的正能量，让自己的眼睛也能闪着亮晶晶的光芒。

试试看，每天早晨醒来对自己说一个让自己愉快的好消息。通过正向暗示，让你一天都保有积极、乐观的心态。

4．拿走挂在心里的"鸟笼"

"鸟笼效应"是一个著名的心理现象，又叫"鸟笼逻辑"，为了更好地理解"鸟笼效应"与女性幸福生活的联系，请先看下面这一则小故事吧。

媛媛的朋友外出旅游给她带回来一个十分精致的鸟笼。媛媛对朋友说："又不养鸟，你干吗送我鸟笼啊？"朋友小小说："有了这个精致的鸟笼，你不妨养一只小鸟试试看啊。"

媛媛笑了笑说："怎么可能啊，不过这个鸟笼这么精致，当个摆件也很好，反正我是绝对不会养鸟的！"

从此以后，媛媛的家里摆着一只精致的鸟笼，而她也确实只当鸟笼是一个摆件。可是，来她家做客的朋友看到这个鸟笼都会问她："你还养鸟啊？"或者"你养的鸟什么时候死了？没听你说啊。"媛媛只好一次又一次地解释："我真的没养过鸟。"朋友们觉得更疑惑了。无奈之下，媛媛只好养了一只鸟在鸟笼里。

这就是"鸟笼效应"。空空如也的鸟笼看起来的确很奇怪，并且朋友们的不断发问也让媛媛感到十分苦恼，可是，她又舍不得把鸟笼丢掉。于是，最好的办法就是干脆养一只鸟，这样既能解决摆设奇怪的问题，又能打消朋友们的疑惑。

修身养性 做心静如水的幸福女人

其实,在日常生活中,我们也会遇到"鸟笼效应":在自己的心里挂一个空鸟笼,然后不自觉地往鸟笼里放一些东西,让自己的心理压力越来越重。其实,这都是些无谓的烦恼,抛开这些烦恼,但有时候,你热火朝天地计划明天,其实也是一种"挂鸟笼"的行为。

> 举一个最简单的例子,那些爱打扮的女士们买回一双鞋,就觉得还要买一条裙子和鞋搭配;裙子买回来之后,又发现没有与之相配的包;包买回来之后,又发现自己的发型和这一身搭配不协调;换了发型之后,又觉得没有合适的口红颜色;买回一只心仪的口红,又发现还要买一件外套搭配,于是开始了新一轮的搭配战……

这显然是一件非常劳民伤财的事情,假如你经济条件雄厚,那你可以任性,如果经济上比较拮据,就会因此而衍生出新的烦恼。因此,女人应该学会如何控制自己,保持一颗平常心,摆脱"鸟笼效应"。

壁立千仞,无欲则刚。欲望有时就像是一块巨大的石头压在我们背上,让我们再没有机会接触新事物。这种压力会产生很多不必要的累赘,让女人为了金钱尽折腰,没有喘气的机会。在这种情况下,你的生活自然充满了焦虑和痛苦,怎么会感到幸福快乐呢?

这时,你的当务之急就是要尽快拿走挂在心里的"鸟笼",如何拿走这个"鸟笼"呢?随着社会的发展,我们的生活节奏越来越快,虽然生活质量有所提高,可是还有不少人抱怨生活压力很大,活着很累。最重要的原因就是内心的欲望太强烈了,让人迷失了自己。适时卸下背上的巨石,放下欲望的束缚,心境就变得开阔许多了。用开阔的心境面对人生,"神马都是浮云",这就叫做拿走内心的"鸟笼"。

当心理承受能力达到极限时,就是把这个"鸟笼"拿走的时候了。去大自然走走,呼吸新鲜空气,感受鸟语花香;或者燃一支清香在侧,静静感受书法的魅力；抑或静坐书山中，接受文字的洗礼。

所以，从今天开始试着丢掉挂在心里的"鸟笼"吧，我们的生活不能只有忙碌的工作，无止境的欲望。当我们承受的压力到达极限后，不如卸下肩上的担子，让自己轻松一些，让生活充满阳光。

丢掉挂在心里的"鸟笼"没有固定的方法，你可以根据自己的性格和喜好来决定，比方说，在你工作十分繁忙时，你可以允许自己有一段时间什么都不做，尽情放空，闭上眼睛小休片刻。任由思绪随处飘荡，飘上蔚蓝的天空，潜入深邃的大海。在你的脑海中，那片蔚蓝的天空万里无云，苍穹之下的广袤原野在阳光的照耀下显得更加绚烂多彩。或者飘到一片静谧的湖水旁，湖边百花盛开；身后的树林里传来阵阵清脆的鸟鸣，仿佛在为你歌唱。

再比如，在一个阳光灿烂的午后，为自己泡一杯香气扑鼻的咖啡。看烟雾缓缓升起，翻开一本自己喜欢的书，或者打开一部自己喜欢的电影，看太阳渐渐西下，天色渐暗。电影结束，换一身休闲的衣服，去超市买一些自己喜欢的食材，回到家里做一顿丰盛的晚餐，召唤三五好友来家里一坐，聊聊天，吐吐槽，这不就是向往的生活吗？

或者抽时间为自己设计一份合理的工作计划，分清轻重缓急，在一个时间段内全身心地投入到一件事中。随着工作任务一件一件完成，成就感越来越大，工作的积极性也被完全调动起来了，这也能成就你另一番自信和从容。即使是在完成繁琐的工作，你也乐在其中，精神焕发。你会发自内心地笑，你的乐观豁达会影响身边的人，让他们也感觉到快乐，你不就收获了成倍的快乐了吗？

拿走挂在心里的"鸟笼"就是要大家找到自我，回归真我，大家都认为成功是一种境界，但是回归真我，人生才能更完美。回归真我，丢掉压力，用洒脱自在的心态笑看人生中的风雨，心如止水，在平静中感受生活的禅意。

请拿走挂在心里的"鸟笼"，去认真地体会人生，倾听身边一切源于美好的声音吧!

5. 从容淡定,以一种花开的姿态

现代社会中,女性每天都有很多事情要做,工作的事情、家庭的事情、孩子的事情、朋友的事情……太多的事情和目标,让我们感觉好像身处重峦叠嶂之中,翻过一座山,还有一座山,我们不知道哪里是终点,不知道先做哪件事情更好,我们变得慌乱、焦虑。好像每个人的状态都是忙碌、焦虑、迷惘……我们每天都在惊慌、焦虑中度过。

然而,没有人会认为一个惊慌失措的女人是美的。一个真正令人欣赏的女人,一个真正获得幸福青睐的女人,一定是处变不惊,永保内心宁静的。想想也是,在我们的生命旅途中,会遭遇种种事情,倘若没有一份波澜不惊的心境,怎会给我们浮躁的心最温柔的安抚,带领我们去追寻想要的生活呢?

对于现代女性来说,遇事沉着冷静是一个女人有涵养的深层表现。遇到事情如何面对,能看出一个人的能力和素养,也最能展示一个人的魅力。一个女人要想活得快乐,就要学会淡定。

美国前总统小布什的夫人劳拉,有着一般人所不具备的品质与涵养——淡定,这个品质非常适合她第一夫人的身份。2001年的"9·11"事件是美国遭遇的最严重的恐怖袭击,美国民众普遍都有紧张、害怕情绪,社会秩序瞬时陷入一片混乱。

劳拉也很紧张、很害怕,但她知道,自己是第一夫人,需要承担起责任,不能惊慌失措。最后,她在这次事件中所表现的沉着冷静的气质给美国人留下了深刻的印象。

的确,当世界贸易中心双塔倒塌时,劳拉第一时间赶了过去。"在那种情况下,你会一下子看出一个人的气质来。"参议员肯尼迪后来回忆说,"劳拉不仅直接参与了部分救援活动,还去慰问自愿献血的白宫工作人员,给学校的孩子写公开信,还在电视节目中告诉家长,要经常拥抱孩子,让他们有安全感。"在国家大灾难面前,劳拉所表现出来的这种淡定给了民众很大的信心,她临危不乱的领导能力获得了各方的赞美,一家报社授予她"国家的安慰者"称号。

任何情况下都要处变不惊,劳拉所具备的这种优秀品质已经与她的生命融为一体,让她能够一次次克服困难,还让她游刃有余地经营着自己不平凡的婚姻。外界关于前任总统小布什与国务卿赖斯之间关系暧昧的传闻从来没有间断过,而劳拉也从没有对此给予过任何回应。在这件事上,她采取了沉着冷静的态度,她始终相信自己的丈夫。事实证明,她是对的。

在面对大事件时从容淡定,让我们看到了劳拉非同寻常的涵养。同样作为女人,我们不奢求能在面对大事件时做到像劳拉这样淡定,但对于一些日常事情还是很有必要做到不慌乱、不焦躁、不抓狂的。这也是体现我们涵养的时候,更是历练我们成熟心智的时候。

一个快乐的女人是从容淡定的,就是遇到再尴尬、紧张的局面,也能轻松应对。她们遇到紧张的情况,会要求自己镇定自若,伺机化解,就算真的找不到化解的方法,一笑了之也不失为一条妙计。不得不承认,不惊慌,不失措,从容淡定是一个成熟女人该有的素质。

著名主持人杨澜在一次主持晚会的时候不慎被绊倒,这是一件非常尴尬的事情,当时全场一片哗然。但是,杨澜在瞬间的惊慌之后,迅速镇静下来,她从容地站起来,捡起话筒说:"谢谢大家,是大家的热情让我倾倒!"全场顿时响起了热烈的掌声。

我们生活在这个世界,每天要面对很多事情,随时都有可能遭遇突发的状况,这是谁都会碰到的。如果你能从容面对,那么,在处理每件事情之前,你就已经赢得了人生的精彩。

生活中还有另外一种从容,就是面对生活中的困境所表现出来的从容。比如:因为某些方面的原因,你一直无法吸引男孩子的目光;自己的老公跟别人的老公比起来有一种拿不出手的感觉;自己的工作没有别人的工作看起来高大上;自己的孩子比不过别人家的孩子;自己的家庭环境很差,自己的父母不仅没有显赫的地位,而且他们的身份、地位以及其他的条件都让你在别人面前感到难堪……也许你的生活中有着太多的不如意,也许你的生活要比别人过得更艰难……但是,你要知道,人生并没有完美的事物,面对人生中众多的不完美,慌乱焦虑并不能改变事情的结果,不如从容淡定一些,坦然接受生活给予你的一切。

其实,从容淡定没有我们想象的那么艰难。只要你能够微笑面对每一天,冷静地应对生活中的每件事,就能够慢慢成为一个从容淡定的人。

在生活中,有人为了财富、名利,不择手段不惜一切,虽然在某些方面达到了一定目的,但却在得到时失去了快乐和健康。名利并不是人生的全部,没有健康快乐,人生就像是一张白纸,毫无价值。"非淡泊无以明志,非宁静无以致远",这句千古名言,说出了许多人生的真谛。如果我们淡泊名利,可能会一生生活在平凡的世界里,但我们决不平庸;相反,如果我们一味追逐名利，虽然有可能一时风光，但心中总会有一种缺失感永远伴随。那是心灵中永远见不到阳光的地方，那种疼痛，是说不出口也无人理解的伤。为了名利而累心累身，实在不明智。当然，淡于名利，清心寡欲，不等于不要追求，不要上进心，不要奋斗精神。人不可一味地追逐名利，也不可缺乏上进心和奋斗精神。

女性要做到淡泊名利，从容生活，以下方面可以有所助力。

（1）要有凡人心态

一个人如果想要自己快乐起来，可以找千万种理由，比如日出、花开的美景，这些人人都看得见的自然现象就能让你快乐。但如果总是把期望值定得过高，而自己又永远达不到，快乐就会离你越来越远。要承认自己的能力，看清眼前的现实，让自己活在真实的生活中，不要寄希望于缥缈虚幻中。

（2）要学会知足

常言道"人生不如意事十之八九，能对人言只二三。"太多不如意只能自己承受，我们甚至连对外人说的能力都没有。如果不正确对待生活中的失败与挫折，遇到不如意事就伤心失望，我们的日子一定不会开心到哪儿去。放下那些我们够不到的，多一些满足心理。以一种"比上不足，比下有余"的心态来生活，阳光就会一直在心中。

（3）少设对手

俗话说"得饶人处且饶人"。这句话在职场更是不变真理。不要总是盯着别人的短处不放，以平和的心态来对待对手，说不定有一天，对手也可以成为帮手。职场中太多得势逼人的事例，到最后终会是两败俱伤，无一幸免。看到自己的长处的同时，也看到别人的长处，同时以别的短处来要求自己更进一步，这样的方式会让你不断进步，更加优秀。

淡定是一种经历过后的智慧，是洗净铅华后的从容，是一种积极的人生态度，更是一个人成长的秘诀。拥有一颗平常心，懂得淡定的人，才会沉着冷静，才会包容他人，才会悦纳自己，才会不与人争斗。与一个淡定的人相处更是一种享受，也是一种乐趣。

从容淡定是一种人生境界，也是一种生存智慧，掌握了这种智慧的女人，幸福必然会降临在她身上。做一个从容淡定的女子，以一种花开的姿态。无论是工作还是生活中，能够从容面对所有事情，能够在突发状况出现时不惊慌、不失措，这样的女人就能够处理好所有的事情，能够处理好与所有人的关系，这样的女人是内心淡泊宁静的女人，是能够与世界温柔相处的女人，是幸福的女人。

第六章

淡泊安然，虚荣嫉妒都是过眼云烟

幸福的女人不尽相同，但她们身上却拥有着共同的品质——淡泊安然。财富名利是荆棘，抓得越牢就会越痛，做一个淡泊名利，安然时光的女人，才能改变心境，明白只要努力与奋斗过，就应顺其自然。得之我幸，不得我命，珍惜自己的幸福，感恩自己的拥有。女人千万别让欲望吞噬了你的幸福生活，学会淡泊，看轻得失，明白善待与宽容。

1. 财富名利是荆棘，抓得越牢就会越痛

被财富名利缠身的人，欲望往往让其失去自我、身心俱疲。我们常常看到，对财富名利很看重的女性，经常会为得不到这些而烦恼；而那些贪欲很强的女性，也常常会为得到名利不择手段。然而她们不明白，财富名利就像是一把荆棘，抓得越牢，自己受的伤就越重。

一个女人是否幸福，并不完全在于拥有多少物质，只要有一个无欲无求的心态，活得淡泊，就能够成为幸福的人。物质上很丰富的生活并不等于幸福、快乐的生活，如果整天沉迷在追求财富名利之中无法自拔，我们的人生就会像大海中走错航向的轮船，当别人都在扬帆远航驶向幸福的远方时，我们却走上了一条充满狂风骤雨的航线，怎么有幸福可言呢？所以，对于女性朋友们来说，对幸福的追求，不要老是唯利是图、唯"物"是图，培养一个知足的心态，同样能收获幸福的生活。

周书桐是一个女强人。通过自己的努力，她的企业在全国各地都有分公司，她自己也有很多房产。她每天穿戴奢侈，开着豪车到处逍遥，甚至还有自己的私人飞机，想去哪儿就去哪儿，可是她却非常坦诚地说："我现在一点都不幸福。"

书桐说："我现在的生活也许是大家梦寐以求的生活，不缺钱，不用担心温饱，可是我一点都感觉不到幸福，经常还会感到空虚和寂寞。我也很惊讶，我获得了这么多财富，我居然一点都不幸福！我真的不知道要做什么才能让自己有幸福感。"

书桐为了财富奋斗了一生，可是当她什么都有了，才明白

"有钱并不一定幸福"。

有钱不等于幸福,这是很多人都明白的道理。可是又有多少人能够真正放下对物质的追求,不成为名利的俘虏呢?别再被名利控制了,用一颗平淡的心对待生活,只有这样,幸福才会来敲门。

普拉格在《快乐是严肃的题目》一书中写道:"人感觉不到幸福,是因为人本身出了问题。"是啊,我们可以不年轻、不富有、不健康,但我们不能没有幸福的生活。每个女人都有权利也有能力让自己幸福起来,只要你学会放下手中名利的荆棘,用淡泊的心看淡对物质的追求。

年轻漂亮的优优每天都有不同风格的打扮,或清纯,或时尚,或知性,或性感,同事都说优优简直是女神的化身。在一片赞扬声中,优优的虚荣心越发膨胀起来,为了打扮得更惹人注意,更显出品位,她不惜花高价去购买那些名牌、奢侈的珠宝、服装、高档箱包……可是,她只是一个普通的上班族,收入有限,和她强烈的物质欲望不成正比,甚至让她负债累累,信用卡公司一直在催她还账。

有一天,同事又夸优优的手包漂亮,符合她的气质。优优看四周没人,就叹了一口气对同事说:"唉,其实我也活得很累,别人看到的只是我光鲜、靓丽的外表,实际上我为了置办这些东西花费的金钱已经远远超出了我所能承受的范围,我真觉得太累了。我曾经也反省过,但是那些昂贵的名牌物品真的让我很开心,我就是喜欢听别人的夸奖。"

同事真诚地说:"优优,你已经够美了,根本不需要修饰和点缀。如果想要的太多,追求的太完美,人就会被欲望压得喘

不过气,又怎么会生活得更好呢?没有那么多欲望,让自己的生活节奏舒适有度,生活反而会更美好、更轻松。"

这位同事说得非常对,当你对名利不再渴望时,你就会慢慢发现眼前也有很多事情是值得自己珍惜的,心里的不满和空虚也会随风飘散。只要你不再把注意力放在那些求而不得的事情上,你的生活一定会其乐无穷。珍惜自己拥有的,别让名利占据你的心,你就会发现生活真的很美好。

我们常常被名利所困,被欲望牵着鼻子走,这样就会和幸福生活南辕北辙。及时刹车、调转方向,反而会更快乐。试着调整自己的心态,让自己能够坦然地面对现实生活,我们就不会感到过大的压力。欲望少了,心事没了,幸福快乐自然就来了。

2. 别让欲望吞噬了你的幸福生活

德国著名哲学家叔本华有句名言:"生命是一团欲望,欲望不能满足便痛苦,满足便无聊,人生就在痛苦和无聊之间摇摆。"

欲望有这么可怕吗?欲望又是什么?

有一个小故事:一个亡灵在天堂和地狱间徘徊,他想寻找一个理想的归宿。他发现一边是美丽的天堂女神,但女神不可侵犯;一边是妖娆的地狱美女,但是他可以随时俘虏。于是他毫不犹豫地选择了那唾手可得的美色,谁知那地狱的美女只是一幅广告画，他的灵魂将万劫不复。

欲望，就是地狱门前的广告，它能以各种撩人的姿势让我们神魂颠倒，当我们在不知不觉中变成诱惑的俘虏时，就会陷入美丽而又危险的深潭之中，无法自拔。所以，只有保持清醒的认知和判断，把握自己的欲望，以坚强的意识警醒自己不被它诱骗，才能不被欲望吞噬。学会抵制欲望是我们走向幸福必须掌握的能力。

我们都是凡夫俗子，难逃欲望的纠缠，既然这样，我们不妨正视欲望，不要盲目地压抑和否定它。从心理学角度来讲，越是压抑、克制的东西，它在我们大脑神经里越是活跃。就像是你想要忘记一个人、一件事的时候，你用尽全力，想尽办法，强制自己不去想，到头来你会发现，你做的一切都是无用功。能不能忘记，不是我们努力不努力的问题，因为能让你忘记的，也许根本就不需要你的努力。而你刻意想忘记的，反而在脑海里愈来愈强烈。

你的幸福是如何被欲望吞噬殆尽的？或许你还不自觉，幸福就这样被你丢弃了。

有这样一个女人，总觉得自己有倾国倾城的美貌，最恨别人比自己过得好。一日，女人的老公升职了，去朋友家做客，她本想借此在朋友面前炫耀一番，不料到了朋友家才得知，因为朋友的老公工作调动，朋友举家要移民美国。看到朋友眉开眼笑地向自己说移民美国的事，女人怒火中烧，本想着来炫耀一番，却反被比了下去，女人满肚子的怨气，悻悻地离开了朋友家。

回到家中，老公正在准备晚饭，说要和女人好好庆祝一下自己升职，不料女人满脸阴云："就是个小主管，有什么好庆祝的，我的朋友都要移民去国外了，我的命怎么这么苦呢？样样比别人好,却过得这么差!"男人一听,愉快的心情顿时荡然无存,两个人争执了几句,男人摔门而走,后来,男人和女人离婚了,让她去寻找配得上她的另一半。

一年后,女人再婚了,这次她如愿以偿地去了国外生活,而且经常向身边的人炫耀,可渐渐地,她又发现自己过得不如愿了:有人总能去迪拜疯狂购物,而她顶多去买打折的东西。"我这么优秀,怎么找不到好男人呢?"第二次婚姻再次破裂了。

女人的年纪已经不小了,想再找到一个如意的人很难,每一次她都是对相亲的对象嫌东嫌西,直到有一次朋友介绍给她一个男人,说这个男人是外企公司的大经理,有钱有车有房,离异。女人听后欣喜,整装去见男人,不料见到时,彼此都愣了,原来那个人竟是自己的第一任丈夫!女人怎么能想到,当初的他现今如此成功呢?男人似乎看出了女人的迟疑,笑着说:"今天的成功都是从那个小主管做起来的!"女人觉得无地自容,低下了头。

在被欲望控制和支配的日子里,在被虚荣心遮住心灵和眼帘的日子里,不论你获得了多少,都从来看不到自己已拥有的幸福,这样的人哪里能体会到幸福?一味地攀比嫉妒,心理越来越不平衡,心灵越来越空虚,到最后看什么都不顺眼,对什么都不满意,以至于美满的婚姻一再破裂,到最后不得不面对自己的失败。

职场上也是一样,许多女性并不是没有能力,只因为嫉妒和攀比,失去了正常的心理状态,工作做得总不尽如人意,人生过得一团糟。

我会听到身边的女性抱怨自己的生活:有的人说自己活得不幸福,有的人说别人的丈夫都是成功的企业家,而自己的丈夫连个像样的家都不能给自己……仔细观察这些女性,她们都有一个共同的特点,那就是对生活的失望。然而,导致她们对生活失望的根源并不是生活本身,而是来自她们不断膨胀的欲望。

我认识一对夫妻，他们白手起家，通过卖早点赚到了人生第一桶金。有了这笔积蓄后，他们便开了家饭店，并聘请了一位手艺高超的师傅，饭店的生意也越来越红火，很快就扩大店面，并在几年后又开了分店。

众所周知，餐饮业是非常劳累并且忙碌的，为了照顾好生意，这对夫妻几乎牺牲了一切时间，甚至连唯一的女儿也常常无暇照顾。

在夫妻俩迅速累积财富的同时，他们的女儿也一天天长大起来。我和他们的女儿会时常劝他们："不要太累，钱够花就行。"但这对夫妻哪里肯听我和孩子的意见，总是一门心思做生意，女儿一个月也见不到父母几面，生活全靠家里的保姆照顾。

在缺少父母陪伴和教育的情况下，原本乖巧懂事的女儿和一群小混混玩到了一起，常常逃学、喝酒、抽烟，最后甚至染上了毒瘾……

一个原本幸福的家庭就这样走向了破碎的边缘。当这位妈妈向我讨教如何重新获得幸福时，说实话，我没有一个确切的方法。我只能告诉她：先停止挣钱，关爱女儿，把女儿送去戒毒。

表面看起来，我们得到的东西有很多，但真正享受到的却只会越来越少，因为欲望已经占满了我们的心灵。物质上的欠缺，可以靠不断努力得到满足，而心灵一旦产生空洞，却永远无法填补。

正如我认识的这对夫妻一样，在积累更多财富的同时，与金钱一同增长的还有他们的野心与贪婪。为了赚取更多的钱，他们牺牲了自己的生活，甚至牺牲了与女儿相处的宝贵时间，最终呢？孤独的女儿在迷茫中走错了路，夫妻俩即便拥有更多的财富，也无法让一切重来了。

修身养性 做心静如水的幸福女人

金钱是一个永远都说不完的话题，穷人想变富，富人想更富，物欲在不断膨胀。现在请你停下来，仔细想一想，你是否被各种各样的欲望纠缠呢？

在欲望的催化下，有的人可以无视人格尊严，损人利己，无所不为，这种畸形的心理或许能换来金钱，但同时也是自我毁灭的前兆。所以，我想说的是：适当的欲望能成为我们奋发图强的动力，但过多的欲望只会成为人生的负累，拖住生命前行的步伐，带给我们无休止的烦恼与痛苦，让幸福离我们远去。

《三国演义》有这样一句名言说"财贿不以动其心，爵禄不以移其志"。意思是说金银财物不能动摇我们的心神，爵位俸禄不能转移我们的志向。这就要求我们对于欲望，一要有"免疫力"，二要有"抵抗力"，三要有"鉴别力"。但是，当我们真正面对欲望的时候，真正能做到以上三点吗？心如止水并非易事，这就要求我们树立正确的世界观、人生观和价值观，遵循做人的道德准则，并力行以下三种方法。

（1）结果比较法

在面对欲望时，我们不妨静下心来，花些时间由因及果地分析一下：如果我们把心思放在别处，我们会获得什么；反之，如果我们把心思放在欲望上，我们会面临什么样的后果。对比的时候我们可以拿出一张白纸，画出优劣势分析表，这样有助于让我们正确认识欲望。

（2）强者刺激法

这种方法需要我们选定几个成功的、自律的女性代表人士，比如，杨澜、叶莺等。搜集她们在面对欲望时的处事方法，学习她们经营人生的方式，从中提炼出智慧的经验，写在纸上，挂在墙上，每天强化自己的意识，刺激自己做正确的事。长此以往，你就会在不知不觉中学会抵制诱惑，坚定信仰。

淡泊安然,虚荣嫉妒都是过眼云烟　第六章　

(3) 不与无所事事的人交往

多与成功人士、优秀人士和比我们强的竞争对手交往。这个效果比把她们的智慧挂在墙上更有效,因为与她们交往的同时,我们相当于在看这些人做亲身示范,不但激励我们自制,还能教你怎么自制。

从今天开始,去做一些有意义的事情吧,当你想购物时不如去爬山,当你想对丈夫提要求时,不如自己努力做出一番事业。总之,当你为一件有意义的事情忙碌时,那些无趣的欲望也就离你而去了。

3. 越攀比,越有气;越比较,越伤心

攀比的人,为了满足自己的虚荣心,想尽办法盖过别人的风头,处处都和别人比,处处都想比别人强。有的人非常喜欢和人攀比,比谁的孩子更优秀,比谁的房子更豪华,比谁的汽车更昂贵,比谁的官大……总之,什么都要比,比过别人就得意扬扬,欣喜若狂,比不过别人就唉声叹气,愁眉苦脸,更有甚者,有些人为了在错误的攀比中占据上风,而不顾一切地追求名利,一步一步地走向腐化堕落的深渊。

大学毕业后,小丁很幸运地考上了公务员,过着安分守己的平静生活。但是一次高中同学聚会,却完全改变了她的心情。大家十年未见了,小丁带着重逢的喜悦前往赴会。昔日的老同学们经商有道,住着豪宅,开着名车,一副成功者的派头。听他们讲生活经历,更是丰富多彩,跌宕起伏,精彩有趣,远远

超过自己的生活。相比之下，小丁的薪水少得可怜，生活刻板得要命，事业、前途、老公、孩子、金钱……没有一处能与这些同学相比。聚会回去，她好像变了一个人，整天唉声叹气，逢人便诉说心中的烦恼。

"那小子，考试老不及格，凭什么有那么多钱？"

"我们的薪水虽然无法和富豪相比，但不也够花了吗？"他的同事安慰说。

"够花？我的薪水攒一辈子也买不起一辆奔驰车。"小丁绝望地说。

"还有那个小红，长得又丑，大学都没考上，凭什么嫁了一个大富翁？"小丁整天想着这些，终日郁郁寡欢，心情再也好不起来了。

看看别人，比比自己，生活往往就在这比来比去中，比出了怨恨，比出了愁闷，比掉了自己本应有的一份好心情。

为什么人如此喜欢攀比呢？要治本，首先得找到根。从心理学的角度来分析，每个人或多或少都会有一种攀比和对照的心理，每个人都向往美好、追求尽善尽美，当然希望自己的生活都比别人好。因此，偶尔"眼红"是正常的。但若总是盲目攀比，只会越比越灰心，越比越生气。因为在攀比的过程中，大多数人都总会看到别人的"好"和自己的"不好"，于是总觉得自己不如别人好，事事不如人，处处不如意，越比越生气。不是吗？看到同乡一掷千金，心烦意乱；看到同窗名车豪宅，妒火中烧；看到同桌前呼后拥，平添愤懑；看到同事晋职加薪，如坐针毡。比来比去，让人愁肠百结，寝食难安，生活还怎么过下去？

俗话说，人外有人，天外有天，即便你真的占尽天机，也不一定能比过所有的人。如果事事与人相比，总会有比不过别人的时候。那就只会越比越伤心，越比越气馁。

淡泊安然，虚荣嫉妒都是过眼云烟　第六章

小娜和小柔是办公室里的好姐妹。小柔不久前买了新房，周日贺乔迁之喜，请了小娜和几个朋友上门做客。

坐在小柔新居宽敞的客厅里，小娜想起自己的蜗居，不禁气馁。小柔和老公在客厅里和大家高谈阔论，滔滔不绝，小娜的老公则只管捧着茶杯在一旁呵呵傻笑。

小娜忍不住偷偷地将自己老公同人家老公比了又比，结果只是放大了自己老公的缺点。真是越比越没劲，小娜越想越郁闷，在回家的路上就忍不住埋怨："你看看人家，你再看看你！"小娜"恨铁不成钢"地怪着老公。老公也生气了，两个人大吵了一架，好久都不说话。而小娜思前想后，觉得自己和老公再怎么努力，也无力把蜗居换成大房子，不仅越想越气馁，觉得人生都没什么意义了。

真的是"人比人，气死人"。比较然后计较，这是许多人烦恼的源头。攀比，会直接影响人的情绪和心理。攀比赢了，获得暂时的满足，却有过后的空虚。攀比不赢，则马上产生缺憾、沮丧和嫉妒的心理，甚至觉得自己一无是处，产生强烈的挫败感，打击自己的自信心和进取心，严重干扰自己的幸福感。

有句老话"知足常乐"，一个人的最大优点就是能够看到自己的幸福。要知道，每个人的幸福是不尽相同的。农民的幸福是秋日田野的金黄，是陈年的老酒；流浪者的幸福是一盏亲情的灯，是一把回家的伞；腰缠万贯者的幸福或许就是街边的几个馒头或碗里的几片菜叶……可是好多人并不一定都看到了自己的幸福。你不妨试着问一下自己，你拥有哪些别人没有的幸福呢？稳定的工作和收入、温馨的家庭氛围、疼你爱你的老公、乖巧懂事的孩子……历历数来，你的幸福何尝比他人少？那又何必去羡慕那些一身珠光宝气、有车有别墅的女人，虽然她们可能会经常出入名媛时尚会馆,可以买那些贵得让人咋舌的高档服装,可她或许曾经在夜深人静时面对空寂的豪宅,对镜自怜孤苦无人爱呢?而此刻的你,却可能在与每天按时回家的爱人深情相拥!懂得知足就会幸福。

不是说完全不该比,有比较才有鉴别,有比较才能知道自己的优势在哪里,劣势在哪里。但是比的时候要会比,要多用自己的优势去和别人的劣势比,要多用自己拥有的去和别人没有的比。由于个人素质、家庭环境、社会条件等差异,每个人都有各不相同的人生轨迹。攀比时就要根据自己所住的环境,从事的工作及能力的大小,聪明地比,智慧地比,这样才能比出责任,比出动力,比出进取心,比出心理平衡来。智慧的女性一定要远离盲目的攀比。下面几方面有利于我们消除攀比心理。

(1) 要拓宽心理容量

多想些别人的好处,少想些别人的坏处,不要为一点琐事就感情用事,以避免做出错误的决定和发生意外的行为。

(2) 要培养健康的好胜心

在工作中争上游、不服输是好事,但如果没有实事求是的态度,分析自己的条件和基础,一味地坚持不服输,那就太盲目、太不理智了。要消除与己与人过不去的心态。面对挫折或失败,在气头上的时候不要头脑发热,应想开些,抛弃埋怨和憎恨,消除报复思想。

(3) 要量力而行

不要总是将自己与物质条件更好的人做比较,也不要不顾自己的实际能力而过高要求自己。盲目的攀比是拿自己的缺点和别人的优点比,用自己的弱势对比别人的强项,结果自然可想而知。

(4) 客观地认识自己,合理降低期望值

要全面地、客观地、实事求是地审视自己,要了解自己的弱点,对自己的理想进行调整,降低期望值。这样对自己的付出能换来什么样的结果就能有一个正确的认知,从而做到心理平衡。通过努力能实现的决不气馁,没有条件的要等待时机。

其实,贫也好,富也罢,生活不是拿来攀比的,幸福源自珍惜。其实幸福就在自己的手里,保持一颗平常心,以平常心待自己,待世界,凡事看淡,做一个真实而快乐的自己。

 4. 节制购物:不要让"买买买"变成"悔悔悔"

喜欢购物是女人的偏好,不管她心情好还是心情不好,最终的选择可能都是逛街购物。女人喜欢用美丽的外在东西来修饰自己。这个五光十色的世界给了我们女性太多的诱惑,女人在"意乱情迷"之时,自然会双手奉上自己的钱包。

有一次朋友跟我闲聊:"那个电视剧你看了吗?昨天那一集男主角真的太帅了,对女主角掏出自己的银行卡说:'密码是你的生日,日常开销就从这里刷。'我多想有这样一个男朋友啊,可怜命苦,想要什么只能自己买。"

电视剧的洗脑,虚荣心的作祟,让我们给了自己无数个"合理购物"的理由。当你走进一家店,买下一个包,刷完卡才发现自己怎么又乱花钱;当你心情郁闷渴望发泄,上街乱买一通时,冷静下来才发现自己买的大多数东西都是毫无用处的;当你被导购小姐的花言巧语蒙蔽了心智,回头才发现这件衣服并不适合自己;当你看到商场打折促销就买下一大堆衣服,可是买回来就放在衣柜里睡大觉,一次也没穿过……

我是见识过女性购物的战斗力的,一次在国外的一家免税店,同行的一个女性朋友一改往日温柔贤淑的面貌,仿佛打了鸡血,在免税店里"叱咤风云"。但是如果认真想想,她真的是在消费吗?恐怕在大多数情况下是在浪费吧。衣柜里一堆不穿的衣服,鞋柜里一堆不穿的鞋,还有银行卡里寒酸的余额,还不能够让你清醒吗?

那么,我们应该如何改正浪费金钱、疯狂购物的坏习惯呢?

首先,购物之前列出购物清单,避免计划外支出。

根据一项媒体调查,在中国,21～25岁的女性有八成以上都是处于一种花的比挣的多的收支逆差状态。在这八成的女性中,有45%的人都存在信用卡透支的情况,50%的女性是月光族。那么我们该如何花钱,花多少钱呢?在这里,我提倡一种健康的消费观。就是说,我们可以花钱,但是不能乱花钱。要做到不浪费,就需要节制购物。

在外出购物时前不妨列一个购物清单,避免一些不必要的支出。盲目地乱买只会让自己花冤枉钱。所以,在买东西之前不妨先整理一个清单出来,让自己有目的地购买,这样既节约时间,又避免了乱花钱的情况。

其次,掌握一门讨价还价的购物艺术。

讨价还价也是一门技能,这门技能对心理素质的要求非常高,必须在短时间内掌握对方的心理活动,组织好自己的语言,在这场价格拉锯战中做到进可攻退可守,随机应变,面不改色。下面有几个讨价还价的小技巧,希望能帮到大家。

技巧一:虚张声势。

对店家说:"前面那家店才200元你这卖得太贵了。"这一招"胡说八道"虽然已经被用烂了,但是兵不厌诈,有用就行。

技巧二:攻其不备。

在街上逛一圈之后,再回到店里,拿起一件商品,假装问:"刚才你说多少钱？150 元是吧？"你说的这个价格一定要比刚刚店主挽留你的价格低一点，要是这个价格还能接受，店主一定会说："是是是，150 元给你了。"这又是一个好方法。

技巧三：声东击西。

当你看中一件商品时，先不要着急询问价格，先随便问一下其他商品的价格。表现出很不经意的样子，这时，再问你中意的那件商品的价格。店主通常没有心理准备，说一个较低的价格。千万不要露出你强烈的热情，店主都是善于察言观色的，小心店主坐地起价。

技巧四：评头品足。

这一个技巧需要十足的功力。试着用最快的速度把这件商品的缺点说出来。世界上哪有十全十美的商品呢？店主在向你推销时，一定会挑好听的说，而你此时不能被店主牵着鼻子走，应该指出产品的不足，最后以一个双方都满意的价格成交。

技巧五：漫不经心。

当店主报价后，要扮出漫不经心的样子说："这么贵啊！"之后转身出门。注意"转身走"是砍价的必杀技。店主自然不会放过到门口的生意，立刻会减价，此时千万别回头，说不定价格还能再便宜。

然后，用性价比权衡购买。

居家过日子，哪能离得开花钱呢？买东西绝对不是讨价还价这么简单。既然我们每天都要花钱，那么如何花钱，买什么东西就直接决定了我们的生活质量，也决定了我们是否能够节约花销。

俗话说："好货不便宜，便宜非好货。"又想买好东西，又想少花钱，真有这等好事吗？有！这要求你在买东西之前先衡量一下商品的性价比。

第一，需要常年使用的，重要的物品要买耐用的，这样的商品要更加重视质量。

第二，一次性的消费品，可以把价格放在首位，买便宜的就行了。

第三，那些个性化的商品，可以适度抛开价格的拘束，根据自己的喜好来买。

　　女性应该有一个良好的消费习惯，不要再任由自己挥霍无度。我们都有偶尔透支的时候，但是当透支成为习惯就要反省一下自己。消费没有错，合理的消费可以让自己更好地享受生活。但千万不要让"买买买"变成"悔悔悔"，少花点钱，多存点钱，让你的财富慢慢变多，而不是眼睁睁看着财富溜走。

5. 嫉妒别人没有用，提升自己是正道

　　对于人类来说，嫉妒似乎是与生俱来的。回想一下，周围的同事、同学、朋友某些方面比自己强、比自己好的时候，你是不是也生出过一丝嫉妒心？反过来，当你某些方面强于他人时，是不是也遭遇过被嫉妒？

　　一般认为，这是因为善妒的人往往气量狭窄，心眼小，社会圈子小，视野不广。但从科学的角度来说，这些都是嫉妒的外在表现，而不是本质。嫉妒的本质，其实是自己比不过别人、不如对方时的一种无能感导致的报复心。明知自己不如他人，却偏偏又不愿服输，于是就想尽千方百计压制、打击对手，一心要把对方赶出自己的视野或是让对方不如自己才罢手，且以此为快。

　　　　莉莉是一个生长在小山村的姑娘，经过努力学习，终于考上了一所没什么名气的大学。毕业后，由于竞争太过激烈，莉莉一直找不到工作。无奈之下，她只好回到生养自己的小山村。

回到家乡后,她靠家里的关系进了一所乡村小学任教师。可是这份工作,莉莉觉得干得不舒心,因为领导们很少表扬她,学生们也不热情,她对比自己年纪小、学历也只有中专的同校老师小华很是嫉妒。原因是小华的讲课水平比她高出很多,总受到领导的表扬。

当时莉莉和小华同住一个宿舍,但莉莉不会跟小华说一句话,有时小华主动和她说话,她也是一副嫌弃的样子。而且,只要小华稍有不慎犯了错误,她就抓住把柄,立马欢呼雀跃高喊着跟领导告状。最近,莉莉得知小华正在和一位男老师谈恋爱,她指出是小华主动勾引那位男老师,并说这样做是伤风败俗的,会给学生们带来坏的影响,结果导致小华老师挨了批评。可这样做了之后,莉莉又没有感到快乐,她觉得自己是个心里阴暗的人,被折磨得睡不着觉。结果由于工作总是心不在焉,莉莉被学校开除了。

没有一个人会因为你的嫉妒而越来越差,但是嫉妒本身却会毁了你的生活。所以一定要克服这种不正常的负面心理。

(1)要有广阔的胸怀,能容忍别人

各人有各人的长处,不能因为自己有所短而害怕别人超过自己,你的业绩也不应该成为别人进步的障碍。

(2)对别人的成功有一个正确的评价和对待

对于别人的成功,一种态度是嫉妒、贬低、攻击,试图以此抬高自己;另一种是无视事实,抱无所谓的态度;第三种是奋起直追,"你行我更行"。显然第三种态度才是最正确的,这种态度不仅能熄灭嫉妒之火,而且还会发出奋进之光,促使自己通过努力,缩小与别人的差距。很多时候嫉妒心产生往往是由于自己单方面的误解引起的,总是认为人家取得了成就,就是对自己的否定。其实,别人的成功是别人努力的结果,并没有损害你。

修身养性 做心静如水的幸福女人

要看到别人取得的成绩中蕴含着辛勤努力，来之不易，自己应当从中受到鼓舞和教益。

（3）不要用放大镜看自己

如果只看自己的优点，而且看得过重，那么就接受不了别人挑战的事实，更不能容忍别人超前的优势。在任何时候，把自己看得平常些，就不那么孤高自傲，也不那么争强好胜了。

（4）克服自私，多为他人着想

嫉妒，说到底是极端自私的表现，以自我为中心，不顾及他人，只想自己获得满足，就容易嫉妒而且因嫉成恨，做出一些不理智之事。消除了以自我为中心的人生观，就能彻底割掉嫉妒的毒瘤。

（5）正确比较

一般而言，嫉妒心理较多地产生于周围熟悉的、年龄相仿、生活背景大致相同的人群中。因此，只有采取正确的比较方法，以己之长比人之短，而不是将人之长比己之短。若出现嫉妒苗头时，即行自我约束，摆正自身位置，努力驱除嫉妒心态，可能就会变得"心底无私天地宽"了。

（6）充实自己的生活

嫉妒心一经产生，就要立即把它打消掉，以免其作祟。如何打消？首先要使自己充实起来。培根说："嫉妒是一种四处游荡的欲望，能享有它的只能是闲人。"如果我们工作学习的节奏很紧张，生活过得很充实，就不会让精力被妒火烧毁。

嫉妒别人，怎么会增强自己的幸福感呢？只有正确认识自己，分析自己，善于自我评估与分析，发现自己的长处与短处，找出自己的不足之处，扬长避短，不断进取，才能真正找到人生的乐趣和价值。

有一个哲人说得好，"与其诅咒黑暗，不如点亮蜡烛"，嫉妒也是一样，与其嫉妒他人，不如努力超越对方。把嫉妒之心化为奋发努力的动力，升华嫉妒，化消极为积极，你会发现一个完全不一样的自己。

▪▪▪▪▪▪▪▪▪▪▪▪▪▪▪▪▪▪▪▪▪▪

小张最近看自己的同事小王怎么都不舒服，以前两人同为业务部经理的时候，关系不错，但再过几天，小王就将被任命为公司华东区的总监，掌控整个华东地区的销售业务，直接成了她的上司。这件事情让小张很不高兴。因为，小王的薪水涨了一大截不说，以后她还得向小王汇报工作。如果换成另外一个人，也许小张不会如此地不舒服。在她看来，自己毕业于名牌大学工商管理系，又拥有较丰富的工作经历，当初公司是以高薪将她从其他企业挖过来的；而小王在学校、专业、入行的资历方面都没法与自己相比，现在居然坐到比自己还高的位子，真是越想越窝火。小张一气之下递交了辞职申请书，直接回家休息去了。

小张的父亲曾是一位国企的老总，现退休在家，这天吃过饭，他把小张叫到书房问道："你这些天怎么回事？怎么把工作辞了？"听到父亲这么问，小张当下就将自己的不满都发泄了出来。父亲认真听小张讲完后，说："你是否还记得，当初这家公司把你挖过去做经理的时候，给你开出的条件也很诱人，我记得那个时候你说过，你当时很遭人嫉恨，但你挺住了，而且后来的表现让别人没话说，正因为这样你在公司的位子才坐稳了。而你现在嫉妒你的同事，那么我问你，你和当初对你群起而攻之的同事有什么区别？你应该想的是为什么公司会选择小王而没有选你，对比小王自己在哪些方面不如她。如果你想不通这个，那么我可以肯定，你在应聘其他公司的时候，依然迈不过这道坎。"

父亲说完这番话，关上门出去了。小张在屋子里想了很久。第二天，她就出门，应聘上了另外一家大公司的销售经理。她在自己的岗位上拼搏努力，一刻也不放松自己，两年后成为那家公司的副总。

小张经常对下属说的一句话是："与其嫉妒别人，不如自己努力。"她用自己的经历为这句话作了最好的注脚。

嫉妒别人，却不敢承认自己与别人的差距，不敢面对自己不如他人的现实，不想让别人超过自己。在心中嫉妒、愤恨、煎熬，就能改变事实吗？不能！唯一能改变现状的，只有你的努力，你的拼搏，你的奋进。看到别人具备强于我们的优点时，要客观地认识彼此的差距，并抓住机会，调动所有因素来增加自己的资本，学习别人的优秀之处，缩短彼此之间的差距。"临渊羡鱼，不如退而结网"，嫉妒别人的成就，伤心绝望、灰心丧气，远不如奋进努力、拼搏进取有意义，更不如努力赶上甚至超越别人能让自己获得更多的成就感和满足感。真正干大事的人，其实并不在乎别人比自己强，而是一门心思把自己的事情做好，全心全意专注于自己的事业，一刻不停地向前努力，最终，为自己贴上成功的标签，让自己闪闪发光。

与其嫉妒，不如努力。只会嫉妒的人永远不会是个胜利者，嫉妒别人不会让你获得任何回报，它不会使你进步，只会让你狭隘、偏激、自卑。最直接的后果就是，你越来越退步，超过你的人越来越多。而你只能眼睁睁看着一道道风帆从身旁飞驰而过，而你无能为力……唯有努力奋斗，能让你赶上他人，让你看到更美的风景，收获更好的自己。

第七章

处事不惊,让一切纷扰散尽

生活中,女人总会遇到各种烦心事,学会处事不惊,心平气和、理智冷静地解决问题要比急躁、大呼小叫好得多。临危不乱,处变不惊,不仅是女人能力的表现,更是智慧的体现。以平和的心态来面对各种紧急情况,懂得选择和放弃,做一个无压力的轻松女人。

1. 做外在平和、内心坚韧的自己

谁不希望自己的人生万事如意,一帆风顺呢?然而天有不测风云,人有旦夕祸福,不幸总会出现。对于这些,假如总是耿耿于怀,那么我们的生活必定十分苦涩。一个女人,对于生活中出现的插曲,保持外在的平和,用一颗坚韧的心面对,才是幸福之道。

刚升职,就出现工作失误;刚买的车,就遇上碰瓷;第一次理财,就惨遭失败;和男友感情稳定,都已经谈婚论嫁了,却发现男友出轨……面对这一连串的打击,你会一蹶不振吗?

聪明的女人绝对不会。因为她们知道,失去的已经失去,我不能让自己失去得更多,特别是好心情。

既然不幸已经发生,既定的事实已经没办法改变,不如我们坦然接受,平和一点,这样我们才能尽快恢复好心情。

一天,晓玲下班回家的路上被违章的摩托车撞个正着,导致左脚腕骨折,在关节处钉了三个钢钉。朋友们来看望她,都为她的不幸遭遇感到难过,晓玲却安慰大家:"当我醒来发现自己的脚被里三层外三层地缠住时,我心想,完了,我不会被截肢了吧。我太后悔那天走路不小心。不过还好,只是骨折,不是丢命。这么想想,我的心情就没那么糟糕了。"

后来,因为骨折需要静养,而公司又急着赶任务,晓玲无法胜任这份工作了,不久便接到了公司的辞退信。朋友们知道后,准备了一大堆安慰她的话,结果这次探望又让大家十分意外。朋友们到晓玲家时,晓玲乐呵呵地正在看韩剧,一点都不像刚被"炒鱿鱼"的人。

"你不伤心吗？你现在已经是无业游民了！"一个朋友问。

"既然失业已成事实，与其难过，还不如想想接下来的计划，我并没有失去再就业的勇气啊，就算不找工作，等伤好了，趁着这段难得的休息，我还可以出去旅行。所以，我为什么要伤心啊！"

生活中难免有失意的时候，凡事想不开，只会给自己带来痛苦；凡事想开了，或常往好处想，就会在软弱时变得坚强，在颓废时变得振作，在痛苦时变得愉快，在忧郁时变得开朗……也许当你真的没有希望的时候，另一个希望正在悄悄地向你走来。看开些，车到山前必有路，船到桥头自然直。外在平和，内心坚韧，这样，人生就会拥有更多的快乐。

刘萌萌与前男友张羽是大学同学，大学毕业后，张羽开始从事销售工作，刘萌萌则继续深造，而后进入外企工作，两人朝着各自的事业目标奋斗。但就在谈婚论嫁之时，这段感情却突然发生了变故。张羽向刘萌萌提出分手，理由是：由于刘萌萌的"三高"，即学历、工资、职位都相对较高，自己感受到了莫大的压力，无奈只好选择分手。

无论刘萌萌如何苦苦哀求，张羽都像是铁了心一样。刘萌萌不得不忍痛结束了这段长达十年的感情。事后她才知道，张羽在与她交往的同时，就背着她和另一个女孩交往了。后来，张羽跟她分手后，就跟那个女孩结婚了。

十年深情一夕间付诸流水，刘萌萌深感挫败。刚分手那会儿，她每天都会给张羽打去十几个电话。起初，张羽还会接听，她便在电话中对其破口大骂,每次张羽都会挂断电话,后来干脆就不接听了。之后,她便不停地给张羽发短信,其内容不是责问就是痛骂。发泄完后,无法走出爱情阴影的她又会忍不住再发去一些道歉的信息,检讨自己的冲动。如此反复。

不仅如此,刘萌萌还通过张羽的博客,找到了他妻子的博客地址,经常在她的博客上留言,不是回忆与张羽交往时的浓情蜜意,就是怒骂二人串通一气。

刘萌萌不正视已经分手的事实,每天沉浸在失恋的痛苦中,远离了那个阳光自信的自己,也远离了积极进取的生活。

刘萌萌不正视已经分手的事实,每天沉浸在失恋的痛苦中,远离了那个阳光自信的自己,也远离了积极进取的生活。

怎样让自己变成一个外在平和、内心坚韧的人,并不是一门高深复杂的学问。学会微笑,就能获得快乐。保持微笑,是一种最美丽的生活姿态,它会让你忘记所有曾经的和正在发生的不愉快,乐观地对待你周围的一切。那么,就请学会快乐地微笑吧,对山笑、对水笑、对天笑、对地笑、对黎明笑、对黑暗笑、对成功笑、对失败笑……你就会永远生活在幸福中。

2. 真诚地对待生活中的每一个人

高情商者往往拥有更为融洽的人际关系。他们善于洞察并理解别人的心态,能控制自己的情绪,设身处地为别人着想,领悟对方的感受,尊重他人的意见。他们善于人际沟通与合作,人际关系融洽,在复杂的人际环境中游刃有余。有人总结出了决定女人一生幸福的四个因素，即爱情、婚姻、职业和处世中的智慧。而这几个方面恰恰都是情商在起着非常关键的作用。通常，情商对于女人的意义比智商更为重大。

我们也经常发现与男性相比，女性的情商更高，更懂社交，这里是有一定的科学依据的。

科学家们从遗传学的角度找到了答案，问题的关键在于人体细胞中决定基因的染色体。男孩与女孩的遗传差别在于，男孩在母亲那里继承一条X染色体，而女孩则从父母那里继承了两条X染色体。带有负责社交行为的基因只有与来自父亲的那条X染色体相结合时才能启动，也就是说，只有在女性体内才能启动。过去人们一般认为，男性和女性在社交能力上的差别主要是受社会环境的影响。科学表明，在社交上的先天性优势就是要具有温顺、和蔼、容易与人相处、感情丰富且善于体谅别人等特点，这也使女性在社交场合或协同工作时表现出较强的交际能力。在研究中科学人员也发现，女性与人相处的能力超过男性。在一个办公室里，女性往往人际关系更好，更懂得与人相处，工作上也更加出色。

但是，有的女性在拥有天生优势社交能力的同时，却因为心灵修养和见识的局限，导致在人际交往时喜欢"玩心机""耍手腕"，当面一套背后一套，而这又恰恰破坏了女性的人际关系。其实拥有良好的人际关系，真诚待人，比技巧更重要。

赵春丽大学毕业刚参加工作时，一位资深的同事告诉她，对待职场里的人要有"套路"，这个"套路"就是不管你是否认可对方，表面上不要表现出来，私底下可以随意，这样你就不会得罪人

当时的赵春丽，真的把这位"前辈"的话听了进去。

于是，为了在职场上获得成功，在与同事相处的过程中，赵春丽从来不把自己的真实意愿表现出来，即使对方是错的，

修身养性 做心静如水的幸福女人

她也微笑着接受。按照这个"套路"进行了一段时间，她有了不错的人缘，同事越来越喜欢她。

然而，两三年下来，虽然同事表面上与她相处融洽，但真正算起来，她竟然没有一个朋友，甚至连陪自己吃午饭的人都找不到。她不明白为什么事情会变成这样。直到有一天，赵春丽在洗手间里听到了这样的对话。

"我真是不愿和赵春丽说话，每次看到她那虚情假意的笑容，我就起鸡皮疙瘩。"

"我也是，每次我们说什么，她都同意，私底下又是另一套。"

……

躲在洗手间的赵春丽不敢走出来与同事对质，因为她们说的都是对的，她的确就是这样做的。这时的赵春丽才明白自己原来所用的"套路"是错的。

事实上在生活中，只要你仔细观察，你会发现很多像赵春丽这样的人，表面上和和气气，但实则缺乏真诚。人与人交往最重要的是什么？就是要有一颗真诚的心，彼此之间以诚相待，这样你才能获得对方的尊重和友谊。只要真诚对待别人，才有可能得到别人同样的真诚对待。如果像上面故事中的赵春丽一样，以"虚情假意"和"套路"对待他人，那么回报给你的也是同样"虚情假意"和"套路"。

我们大多数人总是把世界想得很复杂，其实，这个世界很简单，复杂的只是你的内心而已。所以，真诚地对待你生活中的每一个人，就是对这个世界、对自己最大的尊重。

一天，黄牛在森林里漫步，突然听到远处有哭声。它走近一看，原来是狐狸在伤心地哭泣。黄牛便问："狐狸老弟，你为

处事不惊，让一切纷扰散尽 第七章

何这么悲伤？"狐狸一把鼻涕一把泪地说："人家都有好朋友一起玩，而我孤零零一个人，所以心里难过。"

黄牛问："你不是跟花猫关系不错吗？"狐狸叹道："我跟花猫交往了一年，它从没有请我吃过饭，这还算得上哪门子的朋友啊？"黄牛又问："山羊不也曾经是你的朋友吗？"狐狸摇头道："我跟山羊交往了半年，它从未给过我一点好处，我早跟它断交了。"黄牛摇了摇头，问："听说你最近跟猪关系还不错。"狐狸顿时气得咬牙切齿，说："黑猪又蠢又笨，啥都帮不了我，我早把它踢了。"

黄牛调侃道："狐狸老弟，我送你一样东西吧。"狐狸听到黄牛送东西给他，眼睛一亮，心想这下得便宜了，立刻问："你要送我什么？"黄牛吐出简短三个字：贪心鬼。扭头就走了。

读完这个故事，我想任何人都会认为狐狸没有朋友是理所当然的。狐狸没有"真诚"只有"贪心"，自然没有动物愿意跟它做朋友。我们的友谊难道不是靠真诚建立的吗？真诚就如同人与人交往的纽带和桥梁，没有真诚做基石，你与他们之间的关系最终会成为空中楼阁。

曾有一个朋友向我诉苦，她说，自己年轻的时候结交了一帮酒肉朋友，整天花天酒地，关系好得恨不得穿同一条裤子。后来，钱都被她挥霍光了，生活变得拮据起来，她的朋友就都离开了她。她感到很伤心，说靠利益结交的朋友是靠不住的，他们交好你只是看到了你的财富，等你不幸落魄的时候，他们发现在你这里再也无利可图，就会决然地弃你而去。

我很庆幸自己没有那样的朋友，即使有人说，在现实生活中不多个心眼儿不行，我也仍然认为交朋友得靠真诚。

那么，我们究竟该如何做到真诚地对待别人呢？这里有三个行之有效的方法。

（1）为人处世简单

把简单的事情变复杂是愚蠢的人，聪明的人会怎样呢？当然是把复杂的事情变简单。用最简单，最直接的办法为人处世，能减少不必要的误会，排除心中杂念，一切就豁然开朗了。

（2）互相帮助，彼此奉献。

真正的朋友应当是最困难的时候第一个想到的人，是可以彼此依靠的人。朋友间的互信，就是源于习惯奉献彼此，而不是索取。

（3）不要压抑自己，也不要奉承巴结。

似乎从远古时代开始就有等级，君臣父子，主仆师徒。到了现在也分老板和员工，上级下级。然而，不管出身低微还是处境艰难，永远都不要寄希望于他人礼遇。该做就做，该说就说，只要有骨气，自然不会被看不起。

女人要始终记住：这个世界很单纯。因此，少点套路，多点真诚吧。

3．不纠结，懂得选择和放弃

在我们老家有一句俗话"一个屁股只能坐得下一张椅子"，是说人要学会选择和放弃，不能什么都想要。话虽糙理却不糙，人生就是一个选择和放弃的过程，没有谁能占尽人间春光，谁也不能拥有世间一切。所以，不必纠结，能够放弃是一种跨越，睿智的人都懂得该放弃时就放弃。不吐故就无法纳新。而看似艰难的取舍，却可以让我们走出人生的迷途，改变我们的命运。敢于放弃，在落泪之前悄然离去，只留下一个简单的背影；敢于放弃，将昨天埋在心底，只留下一份美好的回忆。当你能够放弃一切，做到简单从容的时候，你的生命低谷就已经过去了。

有一个小女孩在沙滩上捡贝壳，很快两只手就拿不下了。这时候，她看到一个非常漂亮的金色贝壳，小女孩看看手里的一堆贝壳，又看看沙滩上的金色贝壳，有些纠结。小女孩的妈妈对女孩说："不如先把手中的贝壳放下，然后带走你最喜欢的那一个。你在成长的过程中会面对很多难以取舍的事情，要想不纠结，就必须学会选择和放弃。"

后来，小女孩渐渐长大，有了一份理想的工作，一份可观的薪水，还有一个爱她的男友，他们准备结婚，一切都照着剧本发展。这时，女孩得到了一个出国工作的机会，这是很多人梦寐以求的机会，对事业来说就是上了一个台阶。可是婚礼就在眼前，这个机会很诱人但也很有风险，她犹豫了。这时，女孩想起妈妈在沙滩上对自己说的话，于是她把结婚和出国工作的事情做了比较，最后，她决定还是出国，结婚的事情延后。

事实证明，她的选择是正确的。女孩在国外的工作非常顺利，在她的帮助下，男朋友也顺利出国深造，后来两个人在国外定居，生活得十分幸福。

孟子曰："鱼和熊掌不可兼得。"有得必有失，还有句俗话叫做"有所为有所不为"，可见，人生在世，什么都想得到是不可能的。想要得到某些有价值的东西，就要舍弃一些对自己没有价值的东西。特别是女性，对自己的人生应该有规划，有追求，但是又不能盲目地执着于一件事。我们要追求幸福快乐的生活，但是又不能陷在生活的琐事中无法自拔，犹豫不决。万事万物都有其发展的规律，幸福要靠自己争取，但是一旦发现自己力所不及，就要懂得放弃。

特别喜欢泰戈尔的一句诗："当鸟翼系上了黄金时，就飞不远了。"选择是量力而行，放弃是顾全大局。学会放弃才能放下种种压力，轻装上阵迎接挑战；懂得放弃，才能让自己变得成熟，让生活更加充实，让自己离幸福越来越近。

在生活中，我常常听身边的人说："早知道当初……就不……"，每当此时，我都会对朋友说："千金难买早知道，谁能预测未来呢？"

> 我有这样两个朋友：
>
> 一个经常和一群朋友在酒吧喝酒，另一个则在家独自默默喝酒。
>
> 在家独自默默喝酒的朋友是因为男友移情别恋，她眼睁睁看着自己心爱的男友一夜之间变成了别人的男人，而自己却上当受骗这么久，心里非常痛苦；在酒吧喝酒的朋友虽然和自己相爱多年的男友结了婚，可是婚后矛盾渐渐显露，两个人经常吵架，生活渐渐偏离了轨道。
>
> 每次见到她们，她们都会说同样的话："如果上天再给我一次机会，我再也不会像当初那样选择。"

可是，就算回到"当初"，她们真的会做出截然相反的选择吗？就算事情改变了，又能怎么样呢？不管当初如何选择，日后都会遇到同样处境的矛盾和摩擦。

也许，选择另外一种生活，就不会有今天的烦恼，但是谁能保证不会出现其他的烦恼呢？我们在遇到烦心事时，总会抱怨当初自己的选择太愚蠢，可是没有当初，又怎会有今天的我们？

我们今天浪费时间后悔过去，让岁月蹉跎，结果错过了现在应该做的事，难道我们以后又要浪费时间来后悔今天的所作所为吗？

正确的做法应该是，振作精神，好好想想"我现在应该怎么办？怎么挽回曾经的失误？"吃一堑长一智，吸取前车之鉴，我们会成熟很多。

有天下班回家，我在等电梯时听到这样一番对话，丈夫对妻子说："你能有今天的成绩啊，真应该好好感谢你之前的那个单位。"妻子回答："每个人都应该感谢过去的经历，没有实际经验的沉淀，哪有现在的成功。"真想为这位女士鼓掌。

我丈夫曾经开玩笑地对我说："你要是知道我以前的样子啊，铁定不会嫁给我。"

我回答说："正因为你有过去的那些经历，才有了今天的你啊，不管你过去是什么样子，我爱的是现在的你，没有过去的那些经历，你怎么会有今天的成就呢？"我的回答让丈夫十分感动。

当事情发生时，我总是后悔为什么当初不做另外一个选择：

"如果我当初抓住出国的机会，今天早就升职了。"

"如果当初我认真学习，就不会上这个差学校了。"

"如果当初我不放手，说不定我们已经结婚了，还过得很幸福。"

"如果当初我没出来打拼，说不定在老家房子车子都有了。"

哪有那么多"如果当初"。"如果当初"这个设想本来就是个伪命题！人生没有回头路，当初纠结时做出的选择，谁都无法保证另一条路就一定比现在好。

在平时的生活中，我总是不厌其烦地安慰朋友：要活在当下，既然已经做出了选择，就不要再纠结。那么，我们应该如何做到不纠结呢？我有一种"心流法"，希望对大家有所帮助。

"心流法"就是让人全身心地投入到一件事情当中去，和"冥想"有些类似。当进入心流状态时，我们的注意力需要非常集中。此时，我们好

修身养性　做心静如水的幸福女人

像脱离了时空，完全感知不到时间的流逝，就算已经过去好几个小时也没有感觉。处于心流中的我们，内心十分充足，哪还有心思焦虑、纠结呢？全神贯注能够降低我们的纠结感，提升我们的幸福感。

进入"心流"状态也是有方法的，具体来说，可以分三步进行。

第一步：先给自己设定一个具有挑战性，但是难度不是很大的目标，这样的目标能够给我们施加一些压力，而这样的压力又刚好能够让我们集中精神完成这一目标，并且没有什么心理负担。

第二步：为目标制定一个计划，让自己明白应该如何达成这一目标，这样我们在做事情时就能井井有条，防止自己为了不必要的插曲分散注意力。

第三步：我们设定的目标，最好达成后能够立刻收到效果，由于结果是喜是忧一目了然，我们可以及时调整自己的状态，让自己不再纠结。

事情已经发生，如果我们总寄希望于"如果当初"，又怎么展望未来，怎么为自己的幸福生活努力呢？

当面对纠结时，一定要学会选择和行事方法，不要一直沉浸在问题中无法自拔。要当机立断，快刀斩乱麻，舍弃那些心里的杂草，让心田永远百花灿烂。

4. 学会原谅自己，和自己握手言和

人非圣贤，孰能无过，在生活的道路上，我们每一个女人都难免会犯下这样或那样的错误。当犯下错误并付出沉重代价时，你是否可以原谅自

己,和自己握手言和呢?事实上,很多女人在犯错之后,都会对自己耿耿于怀,迟迟不肯原谅自己,甚至无比憎恨、无比痛苦地对自己说:"我怎么这么傻。"

如果我们不懂得自我宽恕,而一直责备或苛求自己,只会加深自己的痛苦,恐怕自己身边的任何人——你的爱人、你的孩子、你的父母,你的朋友,甚至你的小狗都会对你的痛苦感同身受。

李华兰大学毕业便进入一家公司工作,她的优秀表现大家有目共睹,领导也很器重她,这次更是让她负责一个重要的企划案,还透露说如果这次企划案能赢得客户的认可,她将有可能被调到更重要的岗位。这对李华兰来说,是个千载难逢的机会,她暗下决心一定要做出成绩来。

于是,那段时间里她每天都熬夜准备这份企划案,一日三餐都顾不上。本来已经准备就绪了,可谁知到了会议那天,由于过度紧张,身体透支,李华兰的脑子一片混乱,发言时词不达意,还老是说错话,几次中断。会议结果可想而知……

看到领导失望的表情,李华兰懊恼不已,她不能原谅自己,深深地陷入自责中,以致工作中又出现了几次小失误。于是,她对自己更加不满,甚至对工作失去了当初的信心,觉得自己不适合这份工作,最后无奈地递交了辞呈。

回到家,李华兰又开始了自我惩罚,不是经常不吃饭,就是暴饮暴食,或者拼命地喝酒。有时干脆将自己关在房门里整日哀怨。

企划案的失利固然令人惋惜,但是李华兰对此耿耿于怀,始终不肯原谅自己,结果导致心情过于糟糕,影响到了自己正常的工作和生活。其实,原谅,不仅仅是针对他人,有时也针对我们自己。我们要学会宽恕自己,把自己的思想和身体从羞愧和内疚中解放出来。

说到这里,你或许会认为别人原谅我们就够了,要知道,别人的宽恕只不过是为你受伤的心带来一丝慰藉,而真正从心底原谅自己,才能使这颗心迅速地恢复往日的活力,获取到前进的勇气和力量,进而朝气蓬勃地投入到新的生活和事业中。

> 董瑜遇到一位英俊潇洒的男人,她一见倾心,在心里暗暗发誓,今生非这个男人不嫁。朋友都替她捏了把汗,向她揭那个男人的底,说他曾经如何如何花心,还列了一张被他玩弄过的女性名单。但董瑜却不以为然:"以前他花心是因为没有遇到真正喜欢的人,遇上我之后他就不一样了。"俗话说"男追女隔座山,女追男隔层纱",董瑜终于如愿以偿,与对方火速结婚,两个人看起来幸福而甜蜜。
>
> 遗憾的是,这种生活只维持了一年多,男人原形毕露,继续拈花惹草,甚至和董瑜提出了离婚。
>
> 那段时间里,董瑜始终没能走出婚变的阴影,整日以泪洗面,懊恼不已,怨恨自己当初不听从大家的劝说,后悔和他有过所谓的爱情。后来,在朋友的帮助下,董瑜意识到不能原谅自己只会让自己更痛苦。董瑜想对自己好一点,她去了美发店,将多年的一头长发剪成了干净利落又时尚的短发,又去商场购买了几款适合自己肤质的护肤品,最后还特意去买了漂亮的衣服和鞋。精心打扮一番,看着镜中漂亮的自己,董瑜的生命仿佛注入了新的活力,心情顿时快乐了很多,婚变的打击也没有那么让人痛苦了。
>
> "错了就错了吧,人的一生中,总会遇到那么几个不合适的人。"董瑜有信心把握好下一段婚姻,找到属于自己的幸福。

董瑜之所以能够重新获得快乐,直面婚变的打击,生命注入新活力,是因为她意识到不原谅自己只会更痛苦。于是她调整自己的心态，不再揪着自己的错误不放，宽恕自己，自然就不再沉浸在自责和后悔中了。

还是那句老话："人非圣贤，孰能无过"，不管我们犯了什么错误，惩罚自己并不是最好的解决方法。而原谅是我们能做到的调整自我的最好方法，心宽了就快乐了。

这个世界上，有太多的女人期盼自己能成为一个出类拔萃的人。当我们学会原谅自己，尽可能地宠爱自己，不再自我虐待、自我惩罚，用轻松的心态去面对身边的人或事时，我们的心就会保持微笑，理性地面对现实，让自己拥有一个健康的身心，才能永远从容淡定，从而不断提高和完善自己。

那么，我们应该如何原谅自己呢？

（1）**从内心开始调整自己**

并不是我们每个人都能做到乐天安命，一旦我们做错事或有什么让我们后悔的事，我们要学会换个角度去看待问题。

（2）**把生活中的琐事看得越小越好**

想让生活充满快乐，就对那些让人烦的小事视而不见吧，把它们看得越小越好。

（3）**安慰自己**

学会安慰自己是自我原谅的一种巧妙的手段，这其实也是一种缓解心理压力的方式。

事实上，原谅自己只是我们心态调整的问题，并没有放之四海皆准的方法，上面三个方法也只能给我们做一个指引，具体还要看你自身的情况。最后，我想送三句话给女性朋友：

原谅自己，在错误中学会自珍自爱；

原谅自己，在夹缝中找到生存希望；

原谅自己，快乐将始终与你相伴。

5. 做一个无压力的轻松女人

如今的生活竞争激烈，使许多女人承受了前所未有的压力，这些压力来自于各个方面：工作上的、学业上的、感情上的、经济上的……于是，不少女人抱怨生活的压力太大了，还有些人情绪低落、心理焦虑。不过，也有一些女人能够在压力之下活得轻松自在，精彩纷呈。

我们不禁要问：难道这些女人有什么异于常人的智慧？其实，她们和你我一样，都是普普通通的女人。只不过，她们处变不惊，能够勇敢地面对压力，善于把压力置于身后，让其成为一种动力，让自己不断前进。

依婉是一家外企首席执行官的秘书，一天，她在众目睽睽下被领导痛批一番，领导甚至下了最后通牒：如果这件事处理不好，就让她直接走人。依婉在同事的窃窃私语中回到了座位。

回到办公室后，依婉先是走到窗前远眺十分钟，接着喝了一杯咖啡，然后竟然打开电脑，玩起了消消乐。二十分钟后，笑容神奇般地回到了她的脸上，她坐下来，开始对事情进行分析，接着查找文件，积极沟通，四处协调，最后她竟然在规定的时间内笑容满面地走进了领导的办公室开始汇报成果，而那暴风骤雨般的批评仿佛从来没有出现过。

看完依婉的处理压力的方式，你是不是也大为称赞？在面对压力时，依婉首先让自己平静下来，采取的是远眺和喝咖啡；接着通过玩游戏转移注意力，避免进一步给自己加压；然后面对压力和困难不回避也不畏惧，主动破冰，积极解决；最后她用自己的实力顶住了压力，战胜了困难。

处事不惊，让一切纷扰散尽　第七章

压力其实跟弹簧一样，你强它就弱，你弱它就强。现在很多人开始崇尚极简、纯朴、原生态的世界，也正好说明我们的心灵需要轻松，需要简单。没有快乐的身心，何谈拥有幸福的人生？我们要把压力控制在适合的范围内，做一个无压力的轻松女人。

关于压力，国外的一个非常著名的心理学家有过这样一番诠释："压力就像一根小提琴弦，没有压力，就不会产生音乐。但是如果弦绷得太紧，就会断掉。你需要将压力控制在适当的水平——使压力的程度能够与你的生活相协调。"

身为女人，一定要掌握好平衡压力的技巧。当压力让我们无法获得幸福时，一定要找到适合自己的方法来减压。卸下压力，才能立地轻盈。

卸下压力其实是一种自我心理调试的过程。缓解种种压力，到底以哪种方式为佳呢？下面几点建议或许可以帮助你解决问题。

（1）**战胜恐惧，打破桎梏**

大部分女人的压力其实来源于对某种未知的恐惧和自己给自己设置的枷锁。其实，只要跨出哪怕小小的一步，你就会发现让你倍感压力的事已经迎刃而解。

尝试一下，换一种工作方法；尝试一下，在公司和同事开开玩笑、聊聊家常；尝试一下，与领导多多沟通……这些都是能帮你卸下压力的方法。当你战胜恐惧后，也就战胜了压力。

（2）**学会放松**

很多女人经常抱怨工作任务重、家庭一团糟，整天活在忙碌中。实际上，当你的大脑一天到晚都在想工作和家庭的时候，压力就形成了。这时，我们要学会在忙碌的生活中做到放松。

放松的方法有很多，比如，午休的时候打个盹或看个喜剧短片；睡觉前看一篇有趣的文章；周末的时候和朋友去爬爬山……

（3）正确认识压力，感激压力

关于压力，还有一个科学又美丽的说法。在远古时候，煤和钻石属于同一种物质，但经过上亿年的时光，它们却成了两种不同的物质。这是什么造成的呢？是压力的作用。由于所受的压力不同，各自的转化方向也不一样，受压力小的变成了煤，而压力大的变成了钻石。

从这个意义上来说，我们需要好好感激压力。只要是自己能够承受的压力，那么就不妨在一段时间内，让压力来得更加猛烈些吧！敢于负重，勇于负重，最终因为这近乎残酷的负重洗礼而变得强大，当我们如此时，自然也会成为一颗熠熠闪光的钻石。

其实，减压的方法还有很多种，不同的人也会有不同的方式。关键是我们要找到适合自己的减压方式。

第八章

自尊独立，女人先爱自己才能让别人爱你

在现代社会，只有自尊独立的女人才能心安理得地享受自由生活的阳光和雨露，才能将命运交给自己。女人要想获得幸福，就一定要自尊独立，努力活出自身的社会价值。身为女人，不管在任何时候，我们都不应该为了爱而失去了自我。先爱自己，才能更好地去爱和得到爱。

1. 独立的女人才有自由

哲学家克劳蒂娅说:"自信对一个人一生的发展所起的作用,无论在智力上,还是在体力上,或是处世能力上,都有着基石性的作用,一个缺乏自信心的人,便缺乏在各种能力发展上的主动积极性。"人要有自信,女人尤其需要,自信的女人才能独立自主,拥有更多的自由。

然而在生活中,我经常看到有的女人为了家庭、孩子付出了自己最宝贵的年华,等孩子慢慢长大,丈夫事业有成的时候,唯独她们自己没有尊严,没有自由,没有安全感。这种因为不能独立而没有自由的焦虑是我很难用文字来形容的,因为在我们没有经济底气的时候,我们可能连抱怨的资格都没有。

崔女士随丈夫来北京打拼时,丈夫让她安心在家带孩子,自己负责赚钱养家。白天,崔女士一个人带着一个呀呀学语的孩子在家,辛苦又孤独,她既担心老公的工作和收入,又感觉自己对家庭没有贡献。她觉得自己什么都要靠老公,在家里说话变得没有分量,因此非常不安。

值得庆幸的是,崔女士爱好写作,她找到了一个既能发挥自我价值,又可以照顾家庭的法子。她开始发奋写作,直到出版了自己的第一本书。她告诉我,自从她的书出版后,婆家的人都很尊敬她了,如今的她已经转型成为了一名职业撰稿人,无论从经济上,还是精神上,她都很独立,和丈夫的家庭生活也过得无比充实而快乐。她再也不会感觉没有自尊和安全感了。

在这个世界上，没有谁能给你自尊和安全感，只有当我们通过努力提升了自己的实力，让自己变得独立时，我们才会拥有获得安全感的能力。

所以，女人先爱自己，再让别人爱你，与其依赖别人，没有安全感，倒不如依靠自己，努力给自己一份踏踏实实的安全感，比如你的工作、你的收入、你自己买的房子，至少这几样东西永远都不会背叛你。

请永远记住：独立的女人才有自由。在这个世界上，没有谁会保证一辈子都能照顾和帮助我们。我们唯有靠自己的实力和努力，让自己幸福。

我在这里提供一种方法，它从意识、情感和行为三个方面去帮助女人找到独立的方法，这个方法包括以下五个步骤。

第一步：自立，拥有一份工作和稳定的收入

俗话说"大树下的小树是永远长不大的"。如果女人依附他人，那将永远无法获得独立、自尊、安全感。因此，女人首先要有自食其立的能力，找到一份自己喜欢的工作，获得一份稳定的收入，工作不仅让你发挥了自己的个人价值，还能让你获得稳定的经济来源，使你可以有资本去追求自己想要的生活，提高自己的生活质量。

第二步：自爱，强大内心、丰富自我

花若盛开，蝴蝶自来，自爱才会惹人爱，只有懂得爱自己的人，才会吸引他人来好好爱自己，同时，才能好好爱别人。

第三步：自信，开发潜能提升自我

相信自己，自我驱动；发掘自己，成就自己。找到自己的优势，尽全力发挥所长；发现自己的劣势，补齐短板。随时保持对自己清晰的自我认知和目标设定，我们是完全可以自我成就的。千万别低估了自己，甘愿围着锅碗瓢盆转，而忽略了最美的自己。

第四步：自乐，充实生活交益友

要学会让自己获得快乐，安排好自己的生活，拥有看书等兴趣爱好，有志趣相投的好友，可以呼朋唤友喝茶娱乐、聊天逛街等。如果我们的生活足够充实和精彩，我们还会有时间去想是否幸福吗？

第五步：自知，善于改变自己为人处世的方式

我们要想办法认识自己，了解自己的需求，给自己做好定位。不要自我设限，更不要人云亦云。学会自我担当，善于适应和提升自己。如果我们能与时俱进，又何必害怕被社会淘汰、被他人遗弃呢？

2. 摆脱自卑困扰，做自信的女人

很多女人身上都有一种隐藏的缺点，那就是自卑。所谓自卑，就是看不起自己，不能接纳自己，做事缺乏信心，优柔寡断。甚至有的女人，由于自卑心理过重，心理极其脆弱，遇到一点困难和挫折，就会步入绝望的深渊。所以，自卑的女人是很难感受到幸福的。

英国著名小说《简·爱》里，讲述了一位令人尊敬的女性的故事。她生活坎坷，只是一个普通的家庭教师，外表也不美丽，但是她的自信却征服了男主人公罗切斯特先生，最终二人走到了一起。

简·爱曾经说过一段话，成为旷世名言：

"难道就因为我贫穷、卑微、不美、个子瘦小，就没有灵魂，没有心了吗？——你错了。我也有和你一样的灵魂，和你一样的一颗心！要是上帝赐予我一点美貌和充足的财富，我也会让

你感到难以离开我,就像我现在难以离开你一样。我不是根据习俗、常规,甚至也不是血肉之躯同你说话,而是我的灵魂同你的灵魂在对话,就仿佛我们两人穿过坟墓,站在上帝脚下,我们彼此平等——如同我们的本质一样。"

简·爱的一段话不知激励了全世界多少女性。简·爱很勇敢,她看到了自己"贫穷、卑微、不美、个子瘦小",但是她并不自卑,她认为自己和有钱、有地位的罗切斯特先生是平等的,她用自己的自信坚持和罗切斯特先生进行平等对话,并最终赢得了自己的爱情。

爱默生曾说过:自信是成功的第一要诀。

莎士比亚也曾告诫世人:对自己都不信任,还会信任什么真理。

我想的说是:摆脱自卑困扰,做自信的女人。

人要有自信,自信是煤,成功就是燃烧的火焰,只要有了充足的自信,成功之火便能烧得更大、更旺。

很久以前,美国的许多无线电台都觉得女性不适合做播音主持,也不能吸引听众。但莎莉·拉斐尔立志于播音事业。开始的时候,她在纽约的一家电台找到一份工作,但不久就被辞退了,说她赶不上时代,播音是不适合女人的工作。她因此失业了一年多,不过她一直没有放弃自己播音主持的理想,她相信在这一方面,女人比男人更有优势,而且自己正是女人中最有优势的一位。

一天,她向一家国家广播公司职员谈起她的清谈节目构想:"我相信公司会有兴趣。"那人说,"但我不久就要离开国家广播公司了,对不起,我帮不了你。"不过,她仍没有灰心气馁。后来,她碰到该电台的另一位职员,再度提出她的构想。此人夸奖这是个好主意,但是不久此人也失去踪影。就这样,她为自己争取了18次，经过一次又一次的失败之后，她最后终于在政治台谋到一个主持节目的职位。

她知道自己对政治所知不多，做好政治节目难度很大，但她一直坚信自己是可以的，她努力学习各方面的政治知识，不断提升自己的技巧。第二年夏天，她的节目终于开播。由于对广播早已驾轻就熟，她利用自己的经验和平易近人的风格，大谈她对7月4日美国国庆的感觉，又请听众打电话谈他们的感受。

因为她独特的主持风格和甜美柔和的声音，听众立刻对这个节目产生了兴趣，她主持的节目一时之间成为最受欢迎的一档节目。她终于如愿以偿地在国家广播电台站稳了脚跟。

她回忆说："我遭人辞退18次，本来大有可能被这些遭遇所吓退，但我相信我一定可以做好我想做的事情；我让失败鞭策我勇往直前。"

如今的莎莉·拉斐尔已成为一名成功的著名主持人，曾两度获奖。在美国、加拿大和英国，每天都有800万观众收看她的节目。

谁说女子不如男？看看今天的播音主持界，女人岂止是"半边天"呢？拉斐尔的自信，让她终于闯出了一片自己的天地，女人的天地！

何谓自信？意大利著名演员索菲亚·罗兰说："自信心的含义是勇气和自制力之间的一种平衡。真正的自信心经常给人一种纯朴和诚恳的感觉。当你精力旺盛时，你的自信心会油然而生。"只有相信自己的能力，相信自己能够做成事情，才能有机会成功。自信是一支火把，它能最大限度地燃烧一个人的潜能，指引人们飞向梦想中的天堂。

自尊独立，女人先爱自己才能让别人爱你 第八章

1991年，一个名叫坎贝尔的女子徒步穿越非洲，不但战胜了森林和沙漠，更是通过了400公里的空旷地。这是许多男人都做不到的事情。当有人问她为什么能完成这令人难以想象的壮举时，她回答说："因为我说过我能。"记者又问她对谁说过这句话，她的回答是："我对自己说过。"

日本保险女神柴田和子，一年的业绩是804位业务员业绩的总和。1988年，更是创造了世界寿险业绩第一的奇迹，荣登吉尼斯世界纪录。此后逐年刷新纪录，不仅她们公司的男员工没有超过她，全世界也没有一个男人超过她，而且这个纪录保持至今！

女人从来不逊于男人，从来没有比男人差过。如果你一定要说比男人差，那是因为你没有自信。所以，职场女性不要畏缩不前，不要自卑自怨，不要以为自己天生就不如男人，相信自己，你就无所不能！

人生最大的缺失，莫过于失去自信。居里夫人就曾说："生活对于任何一个男女都非易事。我们必须要有坚韧不拔的精神，最要紧的，还是我们自己要有信心。我们必须相信，我们对一件事情具有天赋的才能，并且无论付出任何代价，都要把这件事情完成。一个人只要有自信，那么他就能成为他所希望成为的人。"

可喜的是，时代发展到今天，越来越多的女性更加自信起来，她们正以从未有过的积极心态，创造着全新的世纪，甚至改变着职场的格局。

谢丽尔·桑德伯格的畅销书《向前一步》发售后不久，一项名为"女性、权力和金钱"的调查发现，70%的"她时代"女性认为自己"聪明"，高于"他时代"男性54%的比例。

仰仗如此强烈的自信足以让年轻女性实现成功。她们知道，

她们可以做任何男性可以做的事情,甚至可能做得更好。

2013年在《财富》杂志"最具影响力女性"伦敦站活动中,面对由欧美公司董事会成员组成的众多嘉宾,哈里特·格林详细描述了2012年她是如何拿下托马斯·库克集团首席执行官职位的经历。她主动打电话给这家旅游巨头的董事长说:"你们需要我。"格林曾是电气元件分销商派睿电子的负责人,没有任何旅游业经验,但她深谙扭转业务局面之道。事实上,自从她掌管托马斯·库克集团以来,这家公司的股价已经上涨超过5倍。

雅芳前首席执行官钟彬娴现在是苹果、通用电气和戴姆勒的董事,她也是那次会议的嘉宾,她同意格林的建议:"要积极主动,让人们知道你想当董事",钟彬娴说:"要勇于展示自己的专长。"

比利·简·金在《财富》杂志"最具影响力女性"伦敦站温布尔登首日活动中指出,过去,女性要取得成功(和建立信心)是多么困难。大约40年前的1973年6月20日,有63位女性在伦敦格洛斯特酒店举行闭门会议,成立了女子网球联合会(WTA),比利·简·金心不甘、情不愿地成为了这些人的领袖。经过努力,WTA为女性争取到了与男性相同的比赛奖金。

这一年,比利·简·金领导的这群改革者曾经开会开到凌晨4:30,平均每晚只睡4小时。那一年,比利·简·金29岁,她一度累到"认为自己可能会在第一轮比赛中就被淘汰。"但强烈的使命感激励着她。"那一年,我拿了三个奖,单打、双打和混双,我太高兴了。"

现实中,不是每个女人都能生有一副美人面孔,也不是所有女人都可以含着金汤匙出世,这注定了大多数女人都是普通人。女士们,当你们抱怨自己身材不好,长相不美的时候,其实是把自己否定了。一个一直否定自己的女人,怎么会产生"魅力"这种需要自信支撑的力量呢?

一个快乐的女人应当是一个爱自己的女人,爱自己就要爱自己的全部,在我眼中,一个人要先爱自己,然后才能成熟起来,变成一个有魅力的女人。

女人或许有一万个理由自卑,但我相信会有一万零一个理由让你自信。

其实,自信就是一种心态。但是这种心态并不是每个人生来就有的,它是后天的一种培养和锻炼。有的人的自信是靠不断的成功累积出来的,有的人的自信则是靠不断的失败锻造出来的,有的人的自信是靠人际关系搭建起来的,有的人的自信是靠金钱财富撑起来的……

很显然,虽然都是自信,但其本质是有很大区别的。有的时候,这种区别能够给人带来更大的幸福,而有的时候,这种区别则会让人遭受巨大的损害。如果我们的自信是靠成功累积出来的,是靠失败锻造出来的,那么这样的自信会带给你更多的幸福;如果你的自信是靠出身、家族和金钱财富营造出来的,那么这样的自信不过是表面看起来五光十色,实际上内心空空如也的肥皂泡罢了,这样的自信很容易崩塌。

鉴于构建自信的基础有所区别,给我们带来的幸福也是难以估量和把握的,我更愿意将自信看做是一种能力。任何一种能力都是经过长时间的学习、锻炼,逐渐培养出来的,自信也是一样。

自卑的实质是缺乏自信,而对自己缺乏自信,便无法找到自己的强项,你就不可能成功、幸福。相信自己,信任自己,这些都是你无需向外界索求的幸福资本,你若善于挖掘与开发,就等于你走向或接近了幸福。那么,如何培养这种自信的能力呢?想成为一个自信的女人,你需要在这些方面下点工夫。

(1)把你走路的速度加快25%

身体的动作是心灵活动的结果。那些自卑的人走路都拖拖拉拉。使用"走快25%"的方法,抬头挺胸走快一点,你就会感到自信心在滋长。

（2）清点自己的优势

我的牙齿很白，我的性格很开朗，我懂很多国语言……这些差别都可以成为你自信的源泉。

（3）练习正视别人

一个人的眼神可以透露出许多信息。不正视别人通常意味着：在你旁边我感到很自卑；我感到不如你；我怕你。这是一种不好的信息。所以，你可以练习正视别人，正视别人等于告诉自己：我很棒，我相信自己。

（4）用自信培养自信

如果本身缺乏自信，又一直做些好像没有自信的举动，就会越来越没有自信。相反，如果做些看起来很有自信的举动，就会感觉自信又逐渐回到了自己身上。缺乏自信时，与其对自己说没有自信，不如告诉自己"我很自信"。为了克服消极、否定的态度，我们应该试着采取积极、肯定的态度。

3．先爱自己，才能更好地去爱别人

如果让你把生命中最重要的事物排序，你会把谁排在第一？是孩子？父母？爱人？事业？还是你自己？

在中国的传统观念里，女人结婚有了家庭以后，大多都不是为自己而活了。女人的世界充满了别人——爱人、孩子、父母、事业、朋友等，唯独没有自己。我经常听到身边的女性对我说这样的话："我现在做的一切都是为了孩子。""我的爱人就是我的一切,没有他,我就活不下去了。"……

是啊,女人一旦结婚了,特别是有了孩子以后,确实给自己留的空间愈来愈小。没有时间与朋友聚会,没有时间去做自己喜欢的事情,看起来,女人就像一架只知道干活的机器。

当然,我的意思并非是说为了家庭奉献自己不好,而是说,在关爱家庭、孩子、工作的时候,女人不要把自己给忘了。要记住:先爱自己,才能更好地去爱别人。

李娜的丈夫常年在外地工作,她全职在家里照顾孩子和婆婆。在她的辛苦劳作下,每天家里都是窗明几净。她会精心搭配各种营养餐,用心辅导儿子功课;在个人消费上,除了给自己购置最基本的必需品,她从来不乱花一分钱。为了节省电话费,她只在有事的时候才跟丈夫联系。

几年过去了,当孩子慢慢长大,有一天她突然发现丈夫给自己打电话的次数越来越少,即使俩人通话,每每也是寥寥几句便无话可说了。一开始,她不以为然,认为这都是形式,自己用心地为家庭付出,丈夫自会感恩。

有一次,李娜和丈夫一起回家探亲,她发现他的电话变得特别多,还老是跑到阳台上去接。趁他洗澡的时候,她在他的手机里发现了另一个女人的照片,还有一些亲密的聊天记录。她感到痛苦不堪,不知道该怎么办。

第二天早上,李娜起床后,来到镜子前。看着镜子里的自己,头发枯黄、眼袋肿大、皮肤粗糙、身材肥胖,一身过时的宽大的衣服挂在自己身上。那一刻,李娜想起了朋友一直对她说的话:"你自己都不爱自己,何况别人呢?"那一刻,她突然明白这句话的真正含义。

从那天起,李娜没有跟丈夫谈及她发现他手机里的秘密,而是告诉丈夫,她要重新回到职场。她开始积极健身减肥,精心护理肌肤，主动联系老朋友，同时开始学习，为重回职场做准备。

半年后，当李娜再次出现在朋友面前时，大家几乎认不出她来了。坐在椅子上的她，容光焕发、穿着时尚得体，浑身散发出自信。她有一份满意的工作，有了自己的社交圈。这样的女人，真是迷人啊。李娜的丈夫看到妻子如此大的改变，也重新开始审视妻子，为了离妻子近一点，丈夫努力调回北京工作，天天可以回家陪着李娜和孩子。而对于丈夫手机里的秘密，李娜一直没有说破。

不管是婚姻还是爱情，女人最容易犯的错误就是：喜欢付出，乐于牺牲，以为只有这样爱人才会感动，才会更爱你。事实上，这是一种错误的理念，身为女人，在任何时候，我们都不应该为了爱而失去了自我。先爱自己，才能更好地去爱别人。只有自己爱惜自己、尊重自己，才能令他人也欣赏自己、疼爱自己。

当然，这里说的爱自己，并不是告诉大家要自私自利，只顾自己享受，置他人于不顾。我说的爱自己是指女人要懂得适时地关心自己，呵护自己，为自己而活。关于女人如何爱自己才是正确的方式，我提出以下三个建议，供大家参考。

（1）随时关注自己的形象

"爱美之心人皆有之"。虽然很多人标榜自己并非"外貌协会"，然而，在爱情中，美还是无可辩驳地占据了很大的比重。如果女人因为婚后生活的忙碌而熬成了"黄脸婆"，让对方看到了自己糟糕无比的形象，那么，我们在爱人心目中的地位和从前就会大不相同。

因此，如果女人要想在婚姻里永远拥有幸福，就要学会善待自己，懂得照顾家庭和经营事业的同时照顾好自己，让自己的生活得更加丰富，更加有情趣。随时关注自己的形象，比如时常换一个漂亮的发型，添置几件新衣服，甚至换一种牌子的香水，享受变化着的生活，随着时代步伐而进步。这时你会发现，保持幸福的长久也可以是一件容易的事情。

(2) 不要为家庭盲目放弃自己的一切

女人要为自己而活，不要为了家庭而盲目牺牲自己的事业，更不要做一厢情愿的无谓牺牲，不放弃自己的梦想。

其实，一段幸福的生活里，最重要的是尊重和平等。即使再相爱的两个人，也是有你我之分的。当你静下来的时候，你会想到，除了爱情，原来还有很多东西是值得付出的。你的人生也因为有了这些东西，才更显得丰富多彩，才更能体现人生的价值。而爱人也会因为我们的丰富多彩而付出更多爱。

(3) 付出的同时永远不忘索取

爱是奉献，这没有错，不过，爱人却并不会因为你爱了他多少，为他付出了多少而更爱你。只有做到了自尊自爱，才会得到爱人的尊重，从而得到真正的爱情。因此，在付出的同时，也不要忘了索取。

在婚姻与爱情中，女人要学会适当地"索取"，学会向爱人"要求"你想要的东西——当然要记得向对方表示感激和赞赏，而爱人一般是很愿意让自己所爱的人满意的。

4. 学会理财，财务独立让自己更心安

经常会有女性朋友、同事问我这样一个问题："为什么我与某某在同一个公司上班，我们的工资也差不多，可是她却能拥有一笔钱，而我却还是

'月光族'？"

对于这个问题，我的回答是：导致这样的财富差距的最大原因就是没有养成理财的习惯。对此，美国理财专家柯特·康宁汉先生有这样一句脍炙人口的名言："不能养成良好的理财习惯，即使拥有博士学位，也难以摆脱贫穷。"

每个女人都想成为会赚钱的聪明女人，不用看谁的脸色来决定自己买几个包包、几件衣服，每个月进几次美容院。的确，无论你身在何处，职场或家庭，只有掌握经济大权的人，才可能拥有话语权。但问题是，赚大钱这种能力并不是每个女人都能拥有的，很多时候不管我们付出多少努力，到手的钱就是那么点。

是的，这就是现实，令人悲伤、不公平的现实。但有的时候我们必须要面对，也必须承认，我们确实不是那种会赚大钱的聪明女人。但也不必发愁，只要我们有意识地主动开始学习理财，那么就能够缩小与财富之间的距离，成为精明的"小富婆"，优雅从容地度过生命每一个阶段。

虽然，对于我们大多数女人来说，理财并非一件容易的事。很多人并不是没有理财的观念，而是认为自己"没财可理"。事实上，理财是一个循序渐进的过程，也许这个过程会有些痛苦，但却能让你心安。

周小漫还只是北京一家企业的普通职员时，她的收入并不高，仅仅能维持基本的生活。但那时的她，已经懂得财富的积累对于未来多么重要。于是，小漫试着把自己微薄的工资每个月拿出一点来投资理财。而且她从不使用信用卡，她认为信用卡会让她的人生从刚开始就是负数。

五年后，当与小漫一起进公司的人还在为钱发愁时，她已经有了自己人生中的第一桶金——30万。虽然这笔钱并不是特别多，但却足以让她感到心安。

所以，女性朋友们，与其天天省吃俭用、日日勤奋工作，还不如学会理财，让自己财务独立。要知道，理财并不是花大钱投资，而是循序渐进地培养"赚钱、存钱、省钱、钱滚钱"的习惯。

罗马并不是一天建成的，财富也是一样。对于财富的简易获得法，女人最重要的就是学会理财。

关于如何理财，我有下面四个建议。

（1）提高工作收入，每月固定拿出一笔钱存进银行

对于大多数女人来说，我们都是普通的上班族，很难有"意外之财"。所以，你要把提高工作收入作为理财的首要目标。

关于如何提高工作收入的方法有很多，比如学习、拥有和谐的人际关系、与上级保持良好的沟通等。当你的收入提高后，你可以每月固定拿出一笔钱来存进银行，这笔钱是你无论如何也不能拿出来使用的。

相信过三五年，大家会像周小漫一样拥有可供投资的第一桶金。

（2）永远要记住：定期存钱比投资更重要

无论你从事什么样的工作，收入如何，定期存钱都是理财的第一选择。定期存钱一定要随着收入的增加而增加。

（3）利用记账省钱

除了提高收入、定期存钱，接下来，你要做的就是省钱。而省钱最好的方法就是：记账。记账能让你找出自己乱花钱的地方在哪里，在接下来的生活中，保持理性消费。

我在理财时，每天都会记下所有的开销，每个月进行总结时，我会看看自己的钱到底花在哪里。如果一旦超过消费预期，我就会在接下来的日子里控制消费。

(4) 钱滚钱，设定五年计划

当你通过以上三个方法获得一笔财富后，接下来你要做的就是投资，让钱生钱。虽然很多理财书籍都在鼓吹"理财越早越好"，但我却认为，如果你没有好的理财观念、方法和做好投资失败的心理准备，你还是尽量不要进行投资。

对于女人的第一桶金，我的建议是：保留财富的80%，用20%去投资。这样即使投资失败，也不会让我们几年的心血白费。

做到了这些，财富就会细水长流、源源不断，你就拥有了走向财富殿堂的能力，也就拥有了自尊和独立。即使没有遇到优秀的男人，你也可以依靠自己活得精彩，怡然自得地享受美好的生活和工作。姐妹们，赶紧行动起来，学习理财，让你手里的钱"活"起来吧！

5. 把命运交给自己，而不是别人

曾经有人说过这样一句话："没有独立的人格，就没有真正的幸福"。没错，随着时代的发展，古代女人那种"母以子为贵，妻以夫为贵"的观念已经随着历史的车轮远去了。在现代社会，只有拥有独立性格的女人才能心安理得地享受自由生活的阳光和雨露，才能将命运交给自己，而不是别人。

有些女人认为自己天生就是弱者，要扮演好弱者的角色，就要显得小鸟依人，在经济上依附于男人，在遇到困难时，赶快找一个肩膀依靠，寻求最强有力的支持。这样的女人也许会受到某些男人的喜欢，但她们也交出了获取幸福的主动权。

没有独立思想的女人是悲哀的,她们就像被关在笼子里的小鸟,即便有一天笼子的门打开了,她们也不会飞出多远,甚至有的只会站在笼子里向外张望,根本不会走到笼子外面去寻求新的世界。外面广阔的天地充满了未知,同时也会让她们觉得不安全,所以她们永远都无法摆脱束缚命运的牢笼。

阮玲玉是中国电影界红极一时的影星,她在幼年时就没有了父亲,和做佣人的母亲相依为命。16岁时,阮玲玉和主人家的少爷张达民相爱了,张家人极力反对此事,设计赶走了这对母女。张达民却瞒着家里,将走投无足的阮玲玉母女安排在别处暂时落脚。随后,单纯的阮玲玉与张达民同居,并自动退学。阮玲玉天资聪慧,又非常喜欢演戏,很快她在电影事业上发展起来,成了红极一时的当红影星。张达民不务正业,每天沉迷于赌场之中,把家产败光后,又将阮玲玉当成了自己的摇钱树。

阮玲玉几番劝说,张达民却不思悔改,最终阮玲玉忍无可忍,和张达民分手。随后,阮玲玉将感情依托在茶叶大王唐季珊身上。很快,阮玲玉成了唐季珊豪门公寓中的一只金丝雀,而且对唐季珊言听计从。

当唐季珊对阮玲玉失去新鲜感后,又在外面有了新欢。由于唐季珊的不忠,阮玲玉再次失去了感情的寄托。她伤心透顶,并对身边的男人感到失望,于是在绝望中做了一件令世人吃惊的事情——吃安眠结束了自己年仅25岁的生命。

一代影后就这样离开了世界。其实,以阮玲玉当时的名声和地位,在经济上是完全可以独立的。但令人叹息的是,她在精神上始终接受着男人世界的奴役,将自己的命运完全寄托在男人的身上。这种精神上不能独立的女人,她的一切成功都将成为空中楼阁。

女人一定要独立,把命运交给自己,而不是别人。那些精神独立的女人不会甘愿做一个等待幸福的人,她们早已懂得,生活从不因为你是女人就对你怜悯,人生起起落落无法预料,依赖别人并不可靠。

是谁让女人不幸福?是女人自己;是谁能让女人活得快乐?也是女人自己。一个不依赖别人的女人,才能主宰自己的命运。把命运交给自己,一旦做了自己的主人你才会懂得,幸福不是遥不可及的梦幻,幸福是你一手打造的真实;幸福不是别人的同情和恩惠,幸福是靠自己争取的。

加油吧!

6. 不要做别人希望的风景

有一种女人的不幸福看起来可怜多于可悲。这种女人很不幸福,因为别人不理解她们,不了解她们,她们总也无法成为别人希望的样子。她们尽自己所能但还是不能让别人满意。她们不幸福的原因在我看来是有些不可思议,因为她们的不幸福缘于她们总是想迎合别人的想法,却总以失败告终。

李莉很幸福地和自己的初恋结婚了,憧憬的幸福生活就在眼前。从谈恋爱到结婚,李莉就一直在迁就、迎合丈夫。每次聚会的时候,朋友都提醒她:"爱是相互的,不要这样一味地顺从。"可她认为这是一种爱的表现。

李莉有时候也有自己的想法,却不敢表达,就怕说出来丈夫会不高兴。时间长了,她学会了把内心细腻的感受和一些对丈夫的情感方面的要求藏起来。她认为,反正对方要的自己能做到,这不就是爱吗?

虽然李莉总是这样自我安慰,但是她感觉自己越来越不幸福,有时候憋得自己都喘不过气来。可即使如此,迎合对于她来说,已经成了一个习惯,无法改掉了。

丈夫不喜欢她工作,她就不工作在家带孩子;丈夫不喜欢她见朋友,她就一个也不见,渐渐失去了所有的朋友;丈夫不喜欢她上网怕她学坏,她就不上……尽管李莉做出了如此多的牺牲,但并没有换得丈夫的关心,反而助长了丈夫的坏脾气。一次,丈夫工作不顺心,回家居然对她拳脚相加。

看到这里,很多读者或许会认为像李莉这样的人实在是少数。事实恰恰相反,现实生活中,我们大多数女人或许都有过类似的经历,只是轻重程度不同而已。

想想看,我们是否迎合过上级、家人,很少考虑自己的需要,我们总是让别人的言行来决定自己的行为。我们总想迎合别人,而别人的思想根本就不是我们能够影响和左右的,更别说掌控了。

所以,我不得不说,不问自己心里的想法、却总是想办法满足别人的期望的女人真的很不幸,也真的很可悲。

在人生的道路上,有很多女人一开始的时候,生活、工作都不理想,但却很少有女人能够坚定不移地肯定自我,不为迎合他人而改变自己。而是否具有这种智慧,却是女人是否幸福的最初的分水岭。

没有人可以在人生的道路上永远一帆风顺,即使我们努力、认真,我们仍然会遭遇很多失败。这时,我们难免会为了迎合某人或某事而改变自己。比如身在职场的你为了迎合大众需求改变独特创意，因而变得庸俗不堪；为了迎合上级而做本不该自己做的事，结果不但没有做出成绩，还因为精力有限不能兼顾而屡屡出问题；为了迎合丈夫，而失去自我……这种迎合只会使我们远离成功。

正确的做法应该是：做自己，做自己期待的人，做自己希望成为的人，即使目前还没有成功，只要不放弃这样的思想，幸福只是早晚的事情。

做自己，不要为迎合别人的期望，就削足适履，同时也不能太在意别

人的议论。我们每个人在向着自己的目标前进的过程中，都会遇到各种各样的困难和挫折，这其中就包括别人的非议和嘲讽。这都是正常的，我们需要做的是充耳不闻、视而不见。

当然，需要特别注意的是，不在意别人的议论并不是一种妄自尊大、唯我独尊，而是坚持自己的理念和信念，不为别的非议轻易动摇。因为我们每个人都需要善意的忠告和劝告，也需要友谊雨露的润泽。许多时候，自己脸上的灰尘，身上的缺点，自己难以看到，只有通过别人的忠告才可以发现。分辨出那些对自己有帮助的意见，屏蔽掉那些干扰自己正常生活的议论，才能够活出真我独特的风采，不为别人的议论而拘囿自己的心。

我们要把幸福建立在自身的基础上，而不是做别人希望的风景。这就要求我们不要一味地去迎合别人，不要太在意别人的想法和议论。如果你还在为别人的议论和没达到别人的希望而痛苦，那么试着做以下几件事，或许会让你找回自信，重拾幸福。

（1）多看自己的优点

如果你一直把目光放在自己的缺点上，或者一直提醒自己做错了多少事，那么除了给自己徒增无限的烦恼外，一点用处也没有。我们都是血肉之躯，不可能没有缺点和不做错事。但即使我们有万般缺点和不足，也还

是有一个优点的吧。不必过度贬低自己，在生活中，或许别人比你富裕，但你可能拥有更多的自由时光；在工作中，或许别人比你有才华，但你可能拥有更好的人缘……所以，请多看看自己的优点。

（2）多做自我肯定

在生活中，我做得最多的一个动作便是盲人常用的肯定自己的手势。这个手势是这样的：用右手放在胸口一下，然后竖起大拇指。这个手势和做法，就是要让自己明白一个道理：想要幸福，首先要肯定自己。

第九章

知书达理，与大家和平相处

女人可以不成功，但一定要知书达理。懂礼仪、有涵养、宽容他人、娓娓而谈，让自己的言行举止化作春风，沐浴他人。做一个知书达理的女人，安静坦然，不躁不乱，与大家和平相处。记住，你的知书达理，就是与大家和平相处、获得好人缘的前提条件。

1. 娓娓而谈，让自己的语言化作春风

"唉，我昨天又和男朋友吵架了！"

"别提了，我和某某彻底闹翻了，从今以后势不两立！"

"完蛋了，经理说我昨天在客户面前说错话了，完了完了，我要被炒鱿鱼了！"

在生活中，我们一定听到过这些话，有些是同事的抱怨，有的是朋友的吐槽，但大多数都和口舌之争有关。认真分析背后的原因，大多数情况只是因为无心说错了一句话。

这些情况在生活中很常见，差不多所有人都有过祸从口出的时候。一些女性行为举止比较大咧咧，不注意自己说话的方式，很容易和别人起争执。

有一次，我的一个朋友琳琳十分兴奋地告诉我，她刚刚学会了做咖喱饭，一时技痒想做给大家吃。于是她邀请了我和其他几个朋友周末到她家聚会，顺便试菜。琳琳是一个地道的"吃货"，不仅喜欢吃，还喜欢做吃的。当琳琳十分郑重地从厨房端出咖喱饭的时候，我们都惊呆了，谁都不敢第一个吃。

"哎呀，只是卖相不好而已，味道还是很不错的！"虽然这道菜一看就是做砸了，但琳琳还是很热情地招呼大家品尝。这时候，琳琳的姐姐不仅没有给琳琳打圆场，反而一脸不屑地说："不会做饭就别做，你这做的是什么啊，太丢人了。"

那天的聚餐就在这样尴尬的气氛中结束了，当我们离开后，琳琳和姐姐大吵一架，琳琳差点把姐姐从自己租的房子里赶走。

琳琳的姐姐虽然对琳琳的厨艺不满意，但是也不应该这样指责，一个陌生人都接受不了这样严厉的话语，更何况是自己的姐妹呢？

其实，生活中像琳琳姐姐这样的女性有很多，她们在语言表达方式上很不恰当，自己却一点感觉都没有。在和他人交流时没有把握好讲话的尺度，从而丧失了让自己获得欢迎的机会。类似的案例还有很多，担心女友的安全而询问女友的动向，却被女友反讽管的宽；女员工之间嚼舌根、谈八卦；明明是想拉近关系，却因为一句话不恰当，丢了一个大客户……身边的案例数不胜数，当女性们绞尽脑汁修饰外表时，一开口，却适得其反，让人厌烦。所以我们不能只金玉其外，还要谈吐不凡。

有魅力的女性当然离不开一副好口才，她不需要舌灿莲花，不需要滔滔不绝脱稿演讲几个小时，而是要善于倾听，从对方的话语中获取有效信息，从而一语中的，把话说到对方的心坎里。懂得管好自己言行的女性才是成熟的女性，才更容易获得幸福和成功。我们都知道一句成语叫做"言多必失"，意思是说，话说多了一定会有说错的时候，容易给自己招来祸事，因此，喜欢交谈的我们一定要注意自己的言行。

说话的方式有很多种，如何谈吐优雅，真诚地向对方表示关心，如何陈述一件事实，什么时候该说清楚，什么时候该模棱两可，这些都是说话的艺术。

有时候，非常简单的一句话就能触及到人的内心，让人十分感动。一个有魅力的女性，知道如何把话说到对方的心坎上，当你娓娓道来，字字珠玑，你的谈话能让周围的人感到开心时，你就已经散发了无穷的魅力。

因此，在生活中，女士们一定要时刻注意自己的言行举止。当一位画着精致的妆容，穿着时尚服装的女性出现在大众面前时，大家一定会青睐有加，可是，如果这位女士出言不逊，或者喋喋不休地啰嗦，那就太煞风景了。

说话的艺术对于人类来说，有着举足轻重的作用。古时候，一句话就能挑起一场战争，一句话也能阻止一场战争；一句话能让人丧命，一句话也能让人出人头地、平步青云。在现代，口才同样能改变女人的命运。聪明的女人，应该掌握说话的技巧，让自己更有魅力。

说话是一门艺术，对于女性来说，说话也是一种生存手段。想让自己更幸福，就要拥有锦心绣口。我们可以试试下面这些方法。

（1）经常赞美别人

赞美是不需要花钱的，但是赞美却能给人带去快乐。不管是外表、内心、技能，给身边的人一个赞美，让大家都快乐起来。

（2）多历练

两耳不闻窗外事如何拥有好口才？肚子里空空如也，怎么会言之有物？假如你想做一个口才高超的女人，不妨多了解一下世间百态。

（3）多用确定性的语句

比方说，当你约会迟到时，你可以说"等我十分钟，十分钟内我马上到"。给对方一个明确的时间，要比"对不起，我可能会迟一点"这种不确定的答复要好得多。

（4）增长知识

想和客户聊业务，就多掌握一些专业知识；想和心仪的男生多聊聊，就投其所好多了解对方的爱好。

（5）不要撒谎

谎言很容易被揭穿，要么诚实地陈述事情，要么干脆不说，对待任何人都要真诚。

（6）讲话留有余地

不论何时，说话都不能说太死，要给自己留一些余地，说不定当你说身体不适无法赴约时，对方就在你身后。

如何说话是一门高深的艺术，想做一个有魅力的幸福女人，怎么能缺少这一技能呢？

2．是不是名媛都要懂礼仪

中国自古以来就是一个非常注重礼仪的国家，并且有着"礼仪之邦"的称号。对于大多数中国人来说，不管社会如何进步，礼仪却是生活中必不可少的，因为它不仅代表着对他人的尊重，更体现着一种自身的内涵与修养。

对于一个女人来说，懂礼仪能起到提升自身形象的作用。不管你漂亮与否，请一定要懂礼仪。因为彬彬有礼，谈吐文雅、举止文明的女人会更加吸引人们的注意力，促使人们乐于与其交往，并很好地建立自己良好的人际关系。

在任何一种人际关系的交往中，最重要的一个内容便是基于双方能够在心理上得到共同的满足感与愉悦感。在彼此的交流过程中，懂礼貌、知进退的一方往往会令对方有一种被重视感，并有助于为双方的交流互动打下坚实的基础。

不仅如此，礼仪还能很好地起到促进沟通的作用。拥有良好的礼仪，就好比与对方之间架起了一座互通的桥梁，有效地拉近彼此之间的距离，快速消除双方之间的摩擦与不适应感。而相比语言沟通来说，礼仪沟通则显得更加大方得体，让人更容易接受。

同时，拥有不错的礼仪不仅会让作为女人的你，更加气质脱俗，魅力无限，还能让你在工作中充满自信并受到青睐。身为女人，不管我们是不是出身名门，是何种身份与地位，都要懂得礼仪。

::::::::::::::::::::::::::::::

安妮是一个各方面都很普通女孩。高中毕业后进了一家公司做前台接待的工作。因为工作没有什么特别的技术含量，所以其他同事都抱着混日子的心态，很懒散地对待着每天的工作。而安妮却不这样认为，她觉得不管什么工作都要去认真对待并完成。

有一天，前台接待处来了几位看似很普通的客人，询问着经理办公的具体楼层，同事们随便登记了一下访客记录，告之楼层后就不再理会客人了。面对一头雾水不知该从哪个方向坐电梯上去的客人，安妮非常热情地去引导客人，并把他们带到了经理的办公室。此时的办公室空无一人，其他人员都在开会，于是安妮又给几位客人冲泡了咖啡。虽然这不是自己的本职工作，但安妮觉得为人处世，最基本的礼仪不能丢掉。所以在经理开会还没有结束之前，落落大方地与客人们愉快地交谈了一会儿，并借此缓解了办公室尴尬的气氛。后来这几位客人办完事情临走时，还特意到前台对安妮说了声谢谢。尽管这只是一件微不足道的小事，尽管安妮一点也不漂亮，但安妮所表现出来的知书达理、落落大方，却早已经给他人留下了非常美好的印象。

由于安妮在前台的接待工作中，彬彬有礼又不失热情，所以受到了很多客人的表扬与肯定。在内心愉悦的同时，安妮更加觉得自己要用最周到热情的服务去做好这份工作。

机会总是青睐时刻有准备的人。因为安妮平时在工作中的表现，所以当公司举办一次大型的颁奖晚会时，安妮便被选出来作为礼仪小姐去接待晚会的重要客人。在引荐客人上台时，安妮脸上挂着真诚的笑容，表现地从容、淡定，眼神中更透露着一种满满的自信。晚会结束后，公司综合安妮各方面的表现，把她调到了公关部门，并担任了重要的职位……在新的工作岗位上，安妮做得特别顺心，并表示要继续努力争取做得更好。因为礼仪，她赢得了他人的喜爱与尊重，并为自己争取到了更好的工作机会。

当今社会女性在社交活动中逐渐占据了一席之地。试想，如果你也能拥有优雅的形态，端庄的气质，落落大方的举止，那么无疑将会对你的人生起到至关重要的积极作用。而学会掌握各种基本的礼仪，更有助人际关系的增进。

女性在各种社交场合礼仪中的表现，往往最能体现出自身内涵与修养，因为外在举止行动最能表明于一个人的态度问题。一个优雅知性的女人，往往是深谙礼仪之道的女人，会懂得利用各种礼仪来处理不同的事情，与不同的人打交道。没有人天生就懂得礼仪，如果想要在这方面拥有完美的修炼，需要通过后天的培养来学习。那么作为女人，我们应该如何利用自身的优势去更好地学习礼仪、运用礼仪，并开创属于自己的一片天地呢？

站姿：站如松，站立的时候要时刻保持身体的平衡与挺拔，双眼平视，且面带笑容。千万不可弯腰曲背，一边吃东西一边斜靠。

坐姿：坐如钟，坐立的时候也要给人一种优雅端庄的姿态。入座时要轻柔缓和，落座时也要避免弄出声响，以免造成尴尬。

走姿：行走时要保持身体的挺直，应轻松自如，不可慌张奔跑与左右摇摆，更不可影响他人。

蹲姿：不管是穿短裙还是长裤，在采取下蹲动作时，不要翘臀，而应该两腿并拢后再屈膝蹲下，防止造成走光，而起身时也应保持原样。

交谈：眼睛要目视对方，并用心聆听。充分尊重他人，切不可随意打断。如若中途有需要打断的话,也要尽量用请求的语气去征求对方的同意,不能表现得太浮夸与太矜持。

握手:必须站立握手,时间不宜超过3秒,力度适中就好。目光注视对方,面露笑容,并附上一定的礼貌用语,比如,您好,欢迎等比较亲切的语句,万万不能表现得漫不经心,毫不在意。

拜访:去别人家拜访,一般以三下为一个周期,用中指和食指的关节在门上有规律地轻敲,千万不要敲得太急促大声,给他人带来困扰。

用餐:用餐时动作要轻盈缓慢,尽量不要发出刺耳的声响。桌面上也要注意不要堆放太多的餐后垃圾,应时刻保持干净,避免给他人视觉上带来不好的体验。

卫生:个人的形象方面应时刻保持清爽干练,勤洗勤换,并努力做到给人一种着装大方不轻浮,淡妆浓抹总相宜的舒适感,避免邋里邋遢。

工作:对待工作认真负责、一丝不苟、全力以赴。不要拉帮结派,在背后议论他人,也不可做其他与工作无关的事情。未经过他人的允许,不要私自去翻看他人的物品。

家庭:要尊老爱幼,家庭和睦,并兼顾平衡好与家庭各成员之间的关系。外出或者晚归时,要记得给家人报平安,以免家人担心与挂念。

讲文明、讲礼仪一直以来都是我们中国的传统文化,源远而流长。礼仪所代表的不仅是个人的外在形象,更是其自身素质与教养的体现。学会掌握各种礼俗,养成文明行事的好习惯,内外兼修,这是我们每一个女人在漫长的人生中所要学习的一门必修课。作为现代社会中有知识、有抱负、有追求的女性,重视自我修养与礼仪的培养,并在家庭中、生活中、工作中、社交中加以规范地运用各种礼仪,都能更好地展现出自身的魅力,并为自己的人生不断赢得加分。

作为女人,如果你想要提升自己的内涵,想要变得优雅大方,风采出众,那么不妨试着去修炼礼仪吧。让礼仪之光去点亮你精彩的人生吧,让你的人生更加耀眼夺目吧。

3. 涵养深，拥有的就多

涵养，拥有无限张力，是令女人一生都散发着馨香的气场所在。女人外在的气质，看似无形，实则有形。一个女人的涵养外在地反映出其对待生活的态度、个性特征。

有涵养的女人，常把一本好书，当成她们最高档、最喜欢的化妆品。虽然她们衣着朴素，素颜平凡，但她们一旦出现在一群华服飘逸、浓妆艳抹的女人中间，反而显得格外引人注目。她们吸引别人眼球的，是一种由内涵反衬到外在的气质。书香之气温润着她们的灵气，折射出来的则是洋溢着书卷气息的气质，虽然看不见形状，但是从她们骨子里缓缓溢出、淡淡释放的那种处乱不惊的宁静神态，笑对人生的淡薄情怀，举手投足间溢出的自然、从容、优雅的女人韵味，都会令人惊叹不已。

出身名门的王涛，集高、富、帅于一身。他的征婚启事经报刊一发布，前来应征者络绎不绝。其中不乏富室千金，不乏比他小十多数、美若天仙的社会名流之女，更不乏大家闺秀。然而，两年之后，与王涛步入婚姻殿堂的，并不是头顶着种种桂冠的名媛，而是一个在他身边工作了三年、出身农村的大学生小芸。小芸其貌不扬，性情平淡。

"为什么是我？"新婚之夜，小芸依偎着王涛，"我简直不敢相信，觉得还是在做梦。"

"我想，我的选择一定不会错。"王涛微笑着拥紧小芸，回想起征婚后的种种奇遇：的确美若天仙的女人一出现就吸引了他的目光，令他心神激荡，但这样的女人像朵离不开掌心的花,他害怕她枯萎,也不想自己太累,所以选择了放手;名流之女的到来,也让他体会到了别样风情。可她的颐指气使,目中无人,令他无法接受;大家闺秀的见识,虽然也曾令他一时着迷,但为人处世的能力,远远逊于见地,就像需要人照顾的婴儿……

就在王涛感叹当今内外兼修、拥有美丽与美德的女子越来越少时,一转身,发觉了在自己身边默默工作了3年的小芸。突然,一阵特殊的情愫涌上心头。"众里寻他千百度,蓦然回首,那人却在,灯火阑珊处",他瞬间莫名感慨。

小芸刚到公司时,完全是一个来自农村的黄毛丫头,手脚勤快,见人就微笑着招呼,深受公司员工喜爱;她文笔不错,领悟力强,会议的策划案、王涛出席大小会议的讲稿,都出自她手。除此之外,公司的相关文件,她也总是处理得妥妥当当,有条不紊。有一次王涛出差,父母却突然生病,公司指派小芸去护理。她的细心与耐心,深得王涛父母的喜欢。

只是地位的悬殊,使王涛从来也不曾想过,将来的另一半会是这个一直躲在角落里,帮他默默打理一切事务、不起眼得如一株小草的女子。他想找一个门当户对的女子,于是刊发出征婚启事。但相亲的结果,并不如他所愿。令他怦然心动的如花女子,如同烟花,在他眼里迅疾绽放,又瞬时凋零,反倒是眼前这个平淡、处变不惊的女子,有一股无形的气质,深深吸引着他。

事实证明王涛的选择没错。当他的公司处在经济浪潮的风口浪尖时,是小芸站在他身后,帮他审时度势,权衡利弊,让他力挽狂澜;当他的事业面临经济危机时,平时节俭有度的小芸,将平时暗暗积蓄的备用金拿出来,使公司转危为安。

在见多识广的王涛心里,小芸淡定从容的生活态度,是一种无形的智慧和财富，她自立自信的内在气质，从内心深处散发的涵养，如水晶般洁净，既可在山野中放飞，也能在都市里闪耀，不会因他的富贵而骄横得不可一世，也不会因他事业在波澜中沉入低谷而花容失色、怨声载道。正所谓"涵养深，拥有的就多"，说得大抵就是这个意思。

有涵养的女人，会拥有一种淡定自信的面容，那种温文尔雅、善解人意、底蕴厚重，情感丰富的气质，是再华丽的衣服，都无法装饰出来的。因此，女人若想让自己有涵养，并不要只做穿着得体，说话有分寸，化妆精致这些外在功夫，重要的是在生活中、阅历中，不断提高自己的知识，修身养性，提高内在的道德涵养，不断丰富自我和完善自我。

外表的美丽，永不可替代女人的涵养。女人的涵养却能覆盖外表的美丽，甚至突破年龄的残酷界限。有些女人虽然白发如霜，但沉淀在身上的气质品味，仍令人心生喜悦；有些女人虽然年轻漂亮，却因没有涵养，乏味得如同一尊美人雕像，空有美的形态，却无美的韵味，即使貌若天仙，珠光宝气，浑身名牌，也让人觉得庸俗、肤浅。

生活的磨练，岁月的雕琢，会让女人的涵养，沉淀成一种暗香的气质散发出来。安静优雅，温柔妩媚，不张狂，不矫揉造作，不会让人一眼看懂，亦不会让人觉得高不可攀。

一个女人的涵养，源于她富有内涵的气质，这种气质对同性和异性都有吸引力。

知道了这些，我们在追求美的同时，就不会盲目地陷于整容、穿金戴银的误区，就不会误解了美丽、亵渎了美丽。这就要求我们从生活中领悟美的真谛，把心灵美和外在美的气质，融合起来，将女人的人格、气质、外表完整地展现出来，为幸福加分。

4. 修养是女人的气场源

对女人来说，想要在社会上、家庭中都起到举足轻重的作用，最重要的是要提高自身修养。修养是一个女性一生中最重要的课程之一。修养，没有实在的定义，可一个有修养的女性却散发着无穷的魅力。

有修养的女性是什么样的呢？我觉得，一个有修养的女性衣着要得体，妆容要精致，自信的神采中透露着几分沉着从容，举手投足之间都散发着知性的美。

还有的人认为，有修养的女性要优雅，要有一些小资情调，虽然优雅的女性不一定都能成就大事，但是大部分有成就的女性，必定是一个有修养又优雅的女人。

只要我们肯用心去观察，就一定能发现，不管是影视作品中呈现给我们的，还是我们生活中接触过的一些优秀女性，她们身上都有一种难以抗拒的优雅气质。通过她们一举手一投足，一颦一蹙透出来的优雅，正是一个女人的修养。

"蕙质兰心，知书达理"是对中国女性修养的最好诠释。修养，是由内而外严格要求自己，修身养性，善待他人。有修养的女人，随时随地散发着和煦的光辉，让人们在和她交往时如沐春风。

女性良好的修养与良好的习惯分不开。修养和优雅就像是一对双胞胎，如影随形，可以说，一个有修养的优雅女性，得到的机会也比别人多。

周教授是一位著名的金融学者，有一天，他受一位朋友所托，给一家金融企业做面试评委。这家企业在全国都小有名气，这一年破天荒地招收5个实习生。由于天气的缘故，周教授没有开车去,而是直接乘坐地铁。地铁上人很多,周教授一边抓着扶手,一边浏览着手机新闻。一上地铁,广播就在宣传:"请给老弱病残孕乘客让座。"

周教授抬起头,发现上来一位孕妇乘客,行动非常不便,而就在孕妇对面坐着一位十分年轻的小伙子,正拿着手机安然自得地一边玩着游戏,一边听着歌。周教授看不下去了,忍不住对小伙子说:"年轻人,能不能给这位孕妇同志让个座,她实在是不方便。"

谁知,小伙子继续低下头,我行我素地玩着游戏,把周教授的话当成耳旁风,同时也忽略了站在自己面前的孕妇。小伙子虽然穿着体面,但这种没有一点修养的样子,让周教授牢牢地记住了他。"大姐,你过来坐吧!"正在这时,周教授身后突然传来一个温和的女声,声音虽然不大,但温暖如春,令周教授眼前一亮。

"大姐,你小心点儿,来,我扶着你。"这美好的声音,吸引着周教授的目光,只见女孩优雅地站起来,向这位孕妇伸出双手。当孕妇转过身时,她双手扶住孕妇的胳膊,扶着孕妇入座。这个长发披肩,皮肤雪白,眸子闪亮如星的女子,无论是她的穿着打扮,还是搀扶着孕妇坐下来的一举一动,都流露出良好的修养,使整个车厢都充满了一种温暖的气氛。

面试开始后,第一位应聘者入场,"各位老师,大家好!我叫陈莉……"周教授觉得这个声音很耳熟,一抬头,竟然就是那个给孕妇让座的姑娘。陈莉对这次面试准备得很充分,举手投足间的良好修养,精彩的才华展示,让评委们赞不绝口,加之评委点评时,周教授忍不住说出了自己刚在地铁上看到的一幕,在一阵热烈的掌声中,陈莉获得一致通过。

轮到下一个应聘者上场时,周教授发现,这个面试者竟然是那个不肯让座的小伙子,这实在是太巧了。周教授一再提醒自己，不要让对方难堪，但内心里暗想，无论小伙子的表现如何优秀，自己一定不会给他投赞成票。小伙子站在台上，显然也认出了周教授。他十分吃惊，紧张到完全乱了方寸。在回答评委提问时，完全牛头不对马嘴。结果可想而知，小伙子并没有被录取。

周教授对那个失利的小伙子说："机会，是青睐那些有修养的人的！修养是一个人最起码的素质，一个没有修养的人，我们如何相信他以后会为企业卖力呢？"

大部分企业对员工个人修养的要求越来越高，那些看似微不足道的小事，恰恰和一个人的修养紧密相关。良好的个人修养在如今的职场竞争中显得尤为重要。

有修养的女人，具备十足的亲和力以及温柔可爱的气质，从她的内心散发出来的善良和修养，能够温暖人心，让世界充满祥和、温柔的气氛。

有修养的女人心胸宽广，豁达大度，懂得自尊自爱，知道如何与人相处。当他人身陷困境，她能够体谅别人的难处；当自己遇到困难，她也能冷静应对。

然而，优雅并不是只针对女性的外表而言，优雅是一个女性对生活的态度、为人处世、个性品位的综合素养。优雅的气质，既包括了女性姣好的容貌，也体现了一个女性的气质品味。对于女性来说，自身的修养提高了，就犹如给自己插上了一对气质的翅膀，立刻就会显得神采飞扬，楚楚动人起来。而这些，都离不开一个女性所受的教养。

5. 脚踩在玫瑰上，玫瑰却把余香留在脚上

一个女人的快乐，不是因为她所拥有得多，而是因为她计较得少，愿意用一颗宽容的心态去包容身边一切。宽容不仅仅是一种高尚的情操，更是自我的一种修养与气度。

脚踩在玫瑰上，玫瑰却把余香留在脚上，这是玫瑰花的宽容。当我们受到某种伤害时，最好的报复方式不是"以其人之道，还治其人之身"，因为这并不是一个明智的做法。很多时候我们报复了别人之后并不能觉得快乐，反而内心会觉得怅然若失。只有发自内心地以一颗宽容之心去对待身边的人和事，才能获得心灵上的自由，才能让自己更加快乐地生活。

宽容与真诚本是我们做人最基本的一种品质，但在当今社会却显得非常难能可贵。究其原因，是因为人们在生活中所遇到的一些无奈之举。想到这样一种高尚的情操正逐渐被人们所忽略，不禁觉得实在可惜。

但转念一想，正是因为这个社会有太多的无奈与情非得已，我们反而应该更崇尚宽容才对。生活中，人们难免受到委屈，也会有伤心与难过的时候，此时我们会选择在自己的世界里去抚平伤口，很容易忽视身边人的感受。当我们在满腹委屈与抱怨时，不妨多去想想他人。也许他人只是无心之过，也许他人比我们更伤心、更难过呢？所以试着用一颗宽容之心去包容他人吧，你会发现善待他人，也是善待了自己。

人们评价一个女人的美丽，除了外在的容貌，更重要的就是她宽容与善良的内心。拥有宽容之心的人，即使在碰到一些伤害时，也能微笑着坦然面对。俗话说"伸手不打笑脸人"，微笑不仅能让自己时时保持一份开

朗乐观的心情,更能触动对方心灵深处的那份善良。

我们不妨对比下,如果受到别人的伤害,我们立马进行反击,虽然短时间内得到了报复的快感,但之后呢?可能愤愤不平心里难过,让自己整日活在怨恨当中,过得一点也不快乐。反之,如果我们能以德报怨,以一颗宽容之心去容纳别人的过失,那么不仅可以收获他人的尊重,还能让自己的心胸更加豁达与宽广。

生活中大部分人经常会羡慕年幼的孩子们,因为他们的世界里没有过多的仇恨与心机、也没有任何虚伪与套路的存在,处处皆显示着真诚友爱、质朴善良的美好品质。既然这是大多数人都心向往之的愿望,那么,我们为什么不为这份单纯而努力呢?

>雷雷是一个非常活泼好动的孩子。每次童老师的历史课,他在课堂上都会坐不住,因为他不喜欢历史,觉得课程太枯燥无味了。而这天上课时,雷雷却异常地安静,于是童老师悄悄地走到了雷雷的身后想一探究竟。原来雷雷正在画画,而画中的人物正是童老师。童老师饶有兴致地看了一会儿,对雷雷说:"画得还不错,只是这眼睛可以再修饰一下,看着会更有神一些哦。"听到老师的话,一脸忐忑不安的雷雷,有些高兴,却也觉得很惭愧,觉得自己不应该在历史课上做这些,更对不起老师的表扬。自此以后,他再也不在课堂上画画了,并开始努力认真地学习历史课程,成绩也得到了显著的提高。

也许在很多人看来,只有财富、权力是最值得为之倾慕的,但在我看来,这些拥有得再多,也比不上拥有一颗宽容之心。宽容是一种胸怀,一种乐观面对人生的勇气,是人们心与心之间真诚互通的桥梁。宽容的女人是美丽的,更是受人爱戴的。

女人也可以拥有海纳百川的宽容心态,拥有宰相胸襟的大将风度。不

知书达理，与大家和平相处 第九章

管是在生活中还是工作中，很多人常把宽容理解为懦弱无能，逆来顺受，却不明白宽容实际就是人们在对事物的理解上所拥有的一种大度、坦然的心态。

作为女人，难免拥有一颗玲珑剔透的玻璃心，可以很脆弱也可以很单纯。当我们内心受到委屈、不公，伤心、难过时，谁都希望能一笑而过，泰然处之。但这话说起来容易，做起来却一点儿也不简单。我一直觉得，人生是一个不断沉淀自己的过程，很多道理、哲理、经验，只有当自己亲身经历时，才能领悟个中含义，而宽容亦是如此。当你得到了他人的宽容时，也不妨试着把这种宽容传递给他人，让宽容之花绽放在生活中的每个角落。

宽容就是让我们以一种平和，淡然的心态来面对身边所发生的一些事情，不管这些错误和失误是有意为之还是无心之过。车站拥挤不小心撞倒人了，被撞一方的"没关系"，是宽容；上课迟到，老师的一句"下次注意"也是宽容……虽然宽容可能会让自己失去一些利益，甚至让自己受到伤害，但我相信久了，自然会有人明白你的这份心意。人们也终究会明白很多事情会因为宽容的存在而拥有美好的结局。

所以，让我们试着去修炼一颗宽容之心吧。不妨就从现在开始，从自身开始，用一种宽容平和的心态去善待身边的人和事，做一个拥有宽容心态的幸福女人吧！

第十章

提升自己，腹有诗书气自华

女人最重要的是不断提升自己，让自己与时俱进，跟上时代的脚步，让自己从优秀到卓越。你可以没有倾国倾城的貌，但要有超凡脱俗的美，这个美就来自于"腹有诗书气自华"。请记住：女人想要永远富有魅力和活力，就要不断提升自己。

修身养性 做心静如水的幸福女人

1. 让自己从优秀到卓越

紧张忙乱的工作中，时光飞速地闪过，不知不觉中青涩的女孩已经变了模样，你会发现自己已经不再是公司中的小助理或者实习生，你的身边不知什么时候多了一群年轻而陌生的面孔。

在公司的电梯里，两个女孩正在说话，其中一个20多岁，在和同伴描述前一天晚上公司举办的派对上的事，边说边感叹自己老了，说她没有那些刚入职的新人有热情、有吸引力。

20多岁就自认为自己老了，这是多么残酷的事实。

的确如此，社会的压力增强了，人与人之间的竞争加大了，环境逼着人在快速成长，否则你我就会跟不上发展的步伐。仔细观察，你会发现，自己经常跟不上年轻人的跳跃思维，发现年轻人比自己更加精力充沛、干劲十足，对每一件事都有自己独到的想法，最重要的是他们身上没有什么负担，不为人情和家庭所累。再看看你的上级的变化。刚工作的时候，上级的年龄比你大，过几年上级就会是你的同龄人，再过几年你上级的年龄很可能就比你小了。

在央视众多的主持人中，张泉灵是一位才华与智慧兼备的主持人。2015年7月，她辞去了被所有人公认的"稳定工作"，转型去做创投。当有记者采访她，问她为什么会做这样的选择时，她的回答让我记忆犹新。她的原话是这样的："这个世界正在翻页，当这一页已经翻过去了，你还在为原来的那一页很高兴呢。"

现实就这么残酷，逆水行舟，不进则退，女人想要永远富有魅力和能力，就要不断提升自己，让自己从优秀到卓越。

女人如何让自己从优秀到卓越呢？这里有两个行之有效的路径。

（1）学习新的知识和技能

俗话说"活到老，学到老"，无论从事什么工作都需要不断充实自己，即使在家里做全职太太也要不断学习新的家务知识。女人的一生要经历几次转型，不能永远在原地踏步，要想办法把生活和事业的道路拓展得更宽。经验告诉我们，在这个变化莫测的世界里，一成不变虽然能够获得暂时的轻松，但是却会给未来的生活埋下定时炸弹。因为社会需要你进步，你的家庭需要你进步，就连你的丈夫、男友也需要你能和他一起与时俱进。

仔细地梳理一下自己的思路，想一想什么对现在以及将来最重要，什么又是你所缺少的，你还有什么优势和潜能可以发挥和挖掘……有的女人已经怀孕却开始学习英语，以便孩子生下后有一个好的成长环境。还有的女人每天下班去上培训课，为的是能够掌握一个新技能……

女人不必为自己的年龄担忧，人生的精彩要靠自己来描绘，要做自己喜欢的事，要为自己而活。虽说学习什么时候都不晚，但是机会不是什么时候都有，只有未雨绸缪才能在机会来的时候紧紧把握住。抓紧时间学习吧，学习会让你越来越丰富、越来越美丽、越来越幸福。

（2）不断挑战自我，超越自我

女人在工作岗位上，要负责任、有成效地完成本职工作，并保持能力的发展和知识的更新，以备担负更多、更重要的职责。

另外，如今的时代，我们可以选择做自己喜欢的事情，在家办公的自由职业也不再被视为失业。职场不再是一条单项赛道，我们也不再需要一条画好斑马线的马路。对于如何择业及跨业，以下三个建议可供参考。

首先，跨界的能力。在未来，职场一定会更注重一个人创新的能力，更追求艺术和技术的结合。也就是说，将来的职场，身怀多技的人更受青睐。比如，区分一位产品经理是否优秀，不只是看他写代码的能力，还要看其心理学功底和审美能力。跨界的真正意义，并不是多一个身份、多一个技能，而是你能不能灵活地运用这些技能，进行交缠整合，发挥出一加一大于二的效果。

跨界并不像说得这么简单，跨界要求一个人具有在战略定位、时间精力管理、行业趋势判断等一系列具体操作的能力。跨得好，就是锦上添花；跨得不好，恐怕麻烦就大了。

其次，分享的能力。我们通常说的分享，是指一个人的意愿，但实则分享更倾向于一种能力。因为人都是渴望被关注的，站上舞台上的每个人都有表演的欲望。所谓的社交恐惧，并不是害怕与人交流，而是害怕与人交流后得到不好的评价。未来是分享经济的时代，往往自带魅力人格属性的产品能卖得更好。一个人愿意分享，很容易让他自带光环。

分享并不是一件抽象的事情，而是很细节很具象的能力。我们展示给大家的一切，就是在分享，比如，你发朋友圈、发微博告诉大家你去哪里旅行了；你在直播平台直播朋友间的聚会；你的穿衣搭配、举止谈吐。不管是动态的还是静态的，文字的还是语言的，都在透露你这个人的品位、性格、逻辑等。

分享能力，是一个人综合实力的体现。

最后，做"自燃型"的职场人。有的人志存高远，激情四溢，善于自我加压、主动作为，眼中处处有事，不用点火即能自燃，这便是自燃型职场人。很多自由职业者便属于这一类型。我相信，非稳定工作会成为社会的常态，自由职业者会渐渐变成社会的主流。真正的自由职业者一点都不自由，因为，自由是通过自律换来的。

台湾画家几米接受采访时谈到过自由职业者，他说自由职业者其实一点都不自由，他们要比常人更自律，假如不在规定的工作时间内完成该做的事情，就会变得越来越散漫，逐渐堕落。

无论在职场内外，都以"自燃"式的主动和激情去积极工作，就会走向卓越。

(3) 从小事入手，慢慢解决事情，获得成功的体验

我们身边有很多不够自信的人，不是因为他们能力一般，而是他们成功的体验太少了。恰恰因为如此，他们特别希望能达成一次巨大的目标。越平庸就越渴望成功，这种恶性循环一旦形成，只会一次又一次让我们体会到挫败的滋味。其实，最现实最稳妥的一条路，就是由小及大，从我们目前的小事入手，试着坚持下来，并且有始有终。

2. 阅读：读书便可颜如玉

在生活中，我们经常能看到这样一类女子：她们即使穿着普通的衣服，素面朝天出现在花团锦簇的女人中间，也会散发出夺目的光辉，让人过目难忘。是什么让她们拥有了独特的魅力？是气质，是修养，是浑身流溢的书卷味。

中国台湾著名诗人痖弦说过一句话："我心目中的女性形象是闻过书香的鼻，吟过唐诗的嘴，看过字画的眼。"在他心中，一个爱读书的女人应是平和、典雅、娴静，浑身上下透着灵气的美丽女人。

闲暇之余，泡一壶清茶，捧一卷书，静静地，任思绪游走在优雅的文字之间。读书的女人本身就是一幅最美丽的风景。

朱利琴相貌普通，经常素面朝天，穿着也简洁朴素，但是她却赢得了丈夫的"专爱"。每次两人逛街时，即使是面对年

修身养性 做心静如水的幸福女人

轻漂亮的女人，丈夫也不会左顾右盼，目光始终不肯离开朱利琴。用丈夫的话说就是："她浑身散发出一种独特的迷人气质，走到哪里都是焦点，引人注目。"

朱利琴很普通，没有任何修饰，却具备无可否认的美丽和气质，她的秘诀就是读书。走进她的家，除了桌椅等几件必需的家具外，入眼之处都是书。闲暇时间，读一些唐诗宋词，古今中外优美的散文，在轻松悠闲的阅读中修身养性，慢慢地，自身由内而外就洋溢着浓浓的书卷味，平添了许多清丽与优雅。

喜欢阅读书籍的女人，在欣赏文字、咀嚼文字的过程中，用知识和智慧培养气质，塑造心灵和发展各种技能，她们的心灵和生活都会因此变得充实起来，在举手投足间展现端庄、高雅、自信、大方。无疑，这种美丽有内涵，且经得起细品，这样的女人无论走到哪里都是一道独特的风景。

青春稍纵即逝，美丽对于容貌来说，也很短暂，而时光可以带走青春容颜，却带不走知识的积淀。书籍，是女人最经久耐用的"时装"和"化妆品"。常与书为伴的女子，从内至外有一种迷人的气质，即使两鬓白发，脸上长满了皱纹，也一样可以美丽动人，并且会随岁月的流逝变得越发醇厚。

同时，一本书可以影响一个女人的心灵。喜欢读书的女人，学历可能不高，但一定有不低的文化修养，有文化修养的女人大都处世冷静、善解人意。有人说，经常读书的女人言必有据，而不是乱说话，更不会人云亦云，信口雌黄。经常读书的女人，一眼就能从人群中看出来。在为人处世上，爱读书的女人也会显得更加从容、得体。

如果说人生是葱郁的树木，读书则是滋养树木的沃土；有了书的浸染，女人的美才会婉转悠长。

所以，多读一些书籍吧，因为书是女人看这个世界的另一双眼睛。多读诗书对女人是有好处的。于人，品其香而余味无穷；于己，腹有诗书气自华。

那么，在浩如烟海的书籍中我们怎样选择适合自己阅读的书呢？

（1）可以与你进行深层交流的书籍

这一类书就好比是你的知己，你可以在书中与它进行聊天，交流各自的思想，它能为你点一盏灯，穿透你的内心。这类书籍大多是一些哲学专著，比如《道德情操论》《沉思录》等。刚开始读起来你会觉得有些晦涩，但细细品来，你就会从中找到自己内心的所思、所想。

（2）让你觉得有价值的书籍

这一类书就好比是你的至交，这类书读起来会让你获得一些人生价值的启迪，对你人生观、价值观的形成颇有好处。这一类书大多属于有格调的艺术专著，值得反复欣赏，永不会令人感到厌倦。比如《简·爱》《飘》《红楼梦》等。

（3）让你感觉到轻松的书籍

这一类书就好比是你的玩伴，你在读这类书时感觉轻松和快乐，你不必费尽心思地去想里面蕴含的哲理，也不必想要学习什么。这一类书大多是一些引人入胜的小说，在品读的过程中，可以让你体味阅读的乐趣。

（4）粗糙、通俗的书籍不值得你浪费时间

这一类书，闲来无事时读一下也无可厚非，但不用特意花时间和精力去阅读它。这一类书籍大多是面向大众的通俗读物，文字浅显，整体感觉比较粗糙，即使有很多人在看也不值得你浪费时间和精力。

知道了以上四点，接下来，选择一些书籍放在你的床头，时时阅读，把生活读成诗，把人生读成散文吧。

3. 智慧不是得到，而是学到

如果世界有十分美丽，假如没有女人，将失去七分色彩；如果女人有十分美丽，假如没有智慧，将失去七分内涵。智慧的女人从容自信，紧紧把握自己命运的航船，始终坚定地朝既定的方向前进。智慧的女人有水一般的温柔，又有水一般的柔韧，还有水一般的耐力和坚强，面对激烈紧张的社会，面对压力和艰辛，能以柔克刚，在看似平静的表面下掩藏着明智理性的光芒。

说到智慧的女人，林徽因就是其中一位。她的作品不多，也算不上漂亮，但其不凡的气质与宁静的气息一样能摄人心魄。她的智慧体现在对学业的渴望、对爱人的选择，自此实现了女人的最高梦想——幸福地生活。她身边的男人都如此优秀，梁思成、徐志摩、金岳霖……才华横溢、家世不凡，但她在坚持学业的同时坚定不移地选择了梁思成做终身伴侣。在她的眼里，梁思成是最完美的爱人，尽管他的一只脚略有残疾。

其实每个女人对自己的未来都有着小小的规划和设想，都渴望能够得到幸福。智慧的女人很清楚自己要的是什么，并在关键的时刻作出正确的选择。只是许多女人在现实生活中往往忽略了原本的计划和初衷，糊里糊涂地让幸福擦肩而过。

胡曼是个聪明伶俐的女人，属于白领丽人一族，有满意的工作和幸福的家庭，朋友们都羡慕地说她是"一辈子都不知道愁为何物的幸福女人"。可这个"幸福女人"近几个月却一直愁眉不展，总好像有什么解不开的烦恼。

有一天，胡曼终于忍不住向朋友们抱怨说，她现在非常烦恼,而这些烦恼的始作俑者就是自己。原来她自从上大学以后,总是搞不清当下的身份和在这个身份下该做的事情。上大学的时候,她凭借自己超强的活动能力和精力,找了好几份兼职工作。这几份工作的工资都不低,这对于一穷二白的大学生来说,可是很丰厚的收入。

毕业后,胡曼顺利地进入了一家从前兼职的企业,工作起来得心应手。没想到随着职位的提升,她逐渐发觉自己的专业知识不够用。原来在大学读书的时候,她把精力都放在了兼职工作上,落下了好多课程,现在的业务增多了,涉及的问题更深更广了,自然就吃力起来。

这时,公司有一个出国的培训名额,她非常想继续深造,但是男朋友坚决反对,还说她如果出国两个人就分手。思考再三,无奈之下她只好放弃了出国的机会。没想到,胡曼的牺牲并没有带来好的结局。有一次,两个人在买房子结婚的问题上争吵起来,胡曼大发雷霆说自己为了他放弃出国太不值了,结果两个人互相说了很多伤害对方的话,最终分手。

人总爱犯好高骛远的毛病,有时候也许只是你没有发现而已。就如胡曼,该读书的时候去工作,等真工作了终于吃了没好好读书的苦,最后弄得书没读好,工作也没做好,还把感情生活弄得一团糟。这就是典型的缺乏智慧的表现。

智慧的女人面对每一阶段的目标时,能够从容、坚定、自信,能够在取舍之间找到最佳契合点,让自己的利益最大化。你是否也像胡曼一样在提前预支自己的未来呢?就像只有等到麦子成熟才能收割一样,我们的脚步也应该一步一步向前迈进,在适当的时候做适当的自己,这就是女人该有的智慧。

女人的一生可以分好几个阶段,每一个阶段都有需要解决的重点问题,一环扣一环,环环相扣才能圆满。环节脱节、脚步凌乱、节奏不和谐,都有可能。只要调整一下步伐,变换一下节奏,重新整装待发,一切都为时不晚。

有智慧的女人不一定能够获得幸福,但没有智慧的女人肯定不会有幸福的生活。这一点毋庸置疑。

女人要提高自己的智慧,把握自己人生中学习、恋爱、事业、结婚等重大问题的决定权,走好人生的第一步,最终就会看到幸福在不远处向你招手。

那么,女人应该如何提高自己的智慧呢?这里有6个要点需要你谨记。

一是一切以健康为中心;

二是凡事潇洒一点、糊涂一点;

三是忘记年龄、忘记病痛、忘记恩怨;

四是无论你有多强,到你40岁时要拥有四样东西:爱人、居所、积蓄、朋友;

五是女人无论年龄多大,都要唱、要跳、要俏、要笑;

六是不要饿了才吃、渴了才喝、困了才睡、累了才休息、病了才治、老了才锻炼。

4. 没有倾国倾城的貌，但有超凡脱俗的美

生活中，常常听到周围的人说某个女人"真俗气"，也会听到有人夸某个女人"美得脱俗"。著名作家司汤达曾经说过这样一句话："一个庸俗的女人，就像鲜花失去了香味一样可怜。"

当然，绝大多数的女人都是"通俗"的，请注意，"通俗"绝不等于"庸俗"。我们每一个女人都应该学会分清通俗与庸俗的区别。通俗无非就是虽然没什么特点但大家普遍都能接受，而庸俗则有低俗的嫌疑。弄清楚了这两个词的区别，我相信女人就应该明白：我们可以做通俗女，绝不能做庸俗女。但要想让自己拥有非凡的气质，就要提升自己，让自己超凡脱俗。

一个脱俗的女人可能没有倾国倾城的容貌，但却能渗透出一种神韵，让人们印象深刻，留恋不已。一个脱俗的女人往往能够增加自己的亲和力，让人感觉更平易近人，善解人意，这让我们在人际关系处理方面更有优势；而庸俗的女人往往容易让人心生厌烦。

庸俗的女人只知道一味地追求一样东西，反而会忽略那些脱俗的东西，但恰是那些脱俗的东西是进入爱人或者他人内心的桥梁。例如女人一味地追求金钱，开口闭口都是钱，非常容易让人产生反感，觉得你特别庸俗，满身铜臭，不愿与你为伍。试想一下，一个连朋友都没有的人，如何在家庭或者事业中如鱼得水呢？或者一个女人一味地追求名牌，看到那些身穿杂牌的女人永远不屑一顾，那么这样的女人也很难让人靠近，很难让人与她交心。

相反，那些脱俗的女人就不一样，她们或许也追求金钱，但是她们却不看低贫穷的人；她们或许也喜欢品牌，但是绝不会嫌弃你的便宜衣着。如果是你，这两种女人，你会喜欢哪一种？答案显而易见。

修身养性 做心静如水的幸福女人

王冠在一家外企做业务员，因她优雅的谈吐和出众的外表，很多客户愿意买她的单，为她的业绩添筹加码。尽管工作业绩优异，但王冠对此并不是特别在意。其他同事遇到可能成交的客户时，会积极地和他们联系，还找机会请客户吃饭、K歌等，想以此来联络感情，获得客户的好感。但是，王冠从没这样做过，她的原则是"工作是工作，生活是生活"，吃饭属于自己私人生活的一部分，属于8小时之外的"私事"，不应该被工作打搅，而工作也不应该如此功利。

对于这样的想法和做法，很多人都说她傻，但王冠却一直坚守自己的原则，并且时常警示自己不要做庸俗的人。由于业绩突出，工作两年半以后，王冠被公司提拔为业务经理。事实上，正是王冠这种与众不同的脱俗气质，赢得了客户们的欣赏和信赖。这在为她带来好业绩的同时，也获取了领导的信任和青睐。

在我们的周围，你如果留意一下，或许不难发现像王冠这样的女人。她们不一定有那种倾国倾城的美貌，但她们的眼神永远是干净的，举手投足间都透着一种轻灵而飘逸的韵味，她们美得自然、美得大方、美得脱俗，总能够在人群中立刻凸显出来，成为众人注目的焦点。

相反，一个女人即使美若天仙，一旦沾上了"庸俗"二字，那自身的魅力就会所剩无几。超凡脱俗，是对一个女人最好的赞美，也是一个女人最好的气质。

庸俗不是与生俱来的。每一个女人在孩童时期都是天真无邪的，她们的眼神透明清澈，但是一旦长大后进入社会，随着对社会的认知逐步加深，有的女人就会迷失在尘世的喧嚣里，变得俗气起来。

诚然，一个脱俗的女人也会受到日常琐事的牵绊，也会被世俗所牵绊，但即便每天生活在柴米油盐中，她们也会要求自己保持原来的模样，常常用一种干净的视角来审视这个世界，让日子在柴米油盐中升华。她们并非不问世事，而是选择静静绽放，让自己做一朵出淤泥而不染的荷花。

如果到现在为止，你还认为我们都是凡夫俗子，每天生活在五花八门的大社会里，无法做到脱俗。那么请你找个闲暇的时间，去池塘里看看荷花吧。它的根扎在最脏的污泥之中，却绽放着最洁净的颜色和光彩。生活在俗世中，却超脱其外，这就是脱俗。

5. 你是谁不重要，重要的是，你和谁在一起

在人际交往中，不少女人喜欢局限于喜欢的人、有共同语言的人。这种做法无可厚非，有古话说"道不同不相为谋"，又说"燕雀安知鸿鹄之志"，意见、理想或志趣不同的人是很难共事的，不可勉强。但请注意，这样的做法往往不够理智，很容易导致你自身发展受限制。

俗话说"人脉就是钱脉"，这话一点儿不假。在这个社会上，想要有一番作为，拼劳力肯定是不行的，必须得拼巧力，拼头脑，拼信息。谁掌握无限的信息，就意味着掌握了无限的财富。而信息主要就是来源于人脉网络，换言之，你的人脉有多广，你能抓住的发展机遇就有多多。

大学毕业后，韩梦顺利进入一家国际大牌化妆品公司工作。

由于韩梦为人聪明，又敢想敢拼，很快就得到了经理的提拔，做了她的私人助理。虽然韩梦获得了经理的提拔，但从个人角

度上来说,韩梦总觉得经理没有什么才华,为人也没什么魄力,处事更是不够雷厉风行。虽然公司里上上下下的人都和经理关系很好,也很尊重她,但韩梦心里却不以为意。

有一次,公司把一个活动的策划全权交给了韩梦负责,韩梦知道公司近来打算开一条化妆品副线,这次让她来做这个活动,就是为了考察她的能力,如果这次活动能漂漂亮亮地完成,让公司满意,那么她就有机会成为这条副线的负责人。为办好活动,韩梦做了很多准备工作,在活动举办前夕,韩梦收到消息,国内一个非常知名的男明星正巧在活动举办的那天下榻活动举办宴会厅所在的酒店。韩梦顿时灵光一闪,如果能请这个男明星到宴会厅露个脸,即便什么都不做,必然也会扩大这场活动的声势。有了这个想法之后,韩梦就赶紧行动起来,托人查到了男明星经纪人的航班号。虽然韩梦顺利"堵"到了男明星的经纪人,但对方却说什么也不愿意安排这件事,强硬而果断地拒绝了她。

无奈之下,韩梦只好放弃,但此时经理出现在了机场。原来经理和这个男明星的经纪人是老朋友了,特意来接机的。在得知韩梦的想法后,经理就和经纪人提了一下,没想到这位经纪人想也没想就应答了下来。韩梦怎么也没想到,自己苦口婆心地说了许久,却比不上经理轻描淡写的一句话,就顺利帮她请到了这个男明星。

很多时候,哪怕你舌绽莲花,雄辩滔滔,也未必能成功促成一次商谈。可这个时候,如果能有一位关键的人物出来帮你,开句"金口",这事十有八九就成了,这就是人脉的力量。所以,我们经常看到有的人费了九牛二虎之力都无法解决的问题,那些人脉丰富的人却能轻轻松松就搞定。

别觉得利用人脉好像就意味着"走后门",你想想,假如你面临着很多选择,这些选择能让你得到的好处都差不多,开出的条件也都差不多,

提升自己，腹有诗书气自华 第十章

你无论选择谁都是可以的。那么这个时候，其中有一个人和你是有交情的，或者那个人与你有着某些复杂的关系，可能存在一些附加价值，你会怎么选择？毫无疑问，你肯定选择有交情、有附加价值的那个呀！既然选哪个都一样，为什么不卖个人情，讨个好呢？

所以说，人脉的积累不是为了"开后门"，而是为了让你的资本更加雄厚，更进一步增强你的"战斗力"。这个社会就是由人来构成的，而之所以能构成一个完整的社会，就是因为人与人之间有着各种各样的联系，这些联系把人和人紧密地"捆绑"在了一起。而人脉，就是要加强这种联系，拉近你与更多人的距离，让自己的"阵营"更强大，从而能摄取到更多的资源和财富。

是的，每一个伟大的成功者背后都有其他成功者的支持。没有人可以自己一个人达到事业的顶峰。假如一个女人决心成为出类拔萃的人，千万不能忽视人脉的强大作用。在我们身边，有不少聪明女人就是依靠有意识地与人交流，把自己的人脉不断扩大，从而抓住机会，使自己走向成功。

胡芳曾在美国留学五年，工作三年，回国后她放弃了年薪50万的工作，成立了一家国际教育咨询公司，并将事业经营得红红火火。别人向胡芳请教成功秘诀时，她总是感慨地说道："你是谁不重要，重要的是，你和谁在一起。我的事业之所以如此顺利，那是因为我认识很多优秀的朋友。开公司、介绍推荐客户和业务等，各种朋友都会照顾我，帮助我，有什么生意都会马上想到我。"

最初到美国留学时，胡芳因不喜欢美国学生身上的那种疯狂和自我，很少跟美国同学交往，她的生活范围大多在唐人街，她的交际圈子也几乎在华人圈。这样的生活过了有一年左右，

胡芳发现自己过得很孤单,在朋友中不受欢迎,甚至英文都说不好。这样的留学有什么意义呢?认真思索一番后,胡芳决定融入美国社会。她开始有意识地接近她的美国同学,尽量让自己习惯他们的生活方式,寻找机会参加他们的聚会。胡芳还经常在自己租的房子中举办聚会、狂欢派对,在聚会中,她和同学们畅所欲言、激烈争论,渐渐拉近了和同学们的关系。

经过胡芳的不断努力,她的美国同学从排斥她,到慢慢地接受她,到最后非常喜欢她,她的英文也得以快速提高。毕业时,她在一位美国朋友的介绍下,进入了一家著名的美国公司实习。凭借自身的努力和良好的人脉,胡芳很快就跻身于美国的主流阶层,过上了富足的生活。

在美国的时候,胡芳经常会问候家乡的同学、朋友,保持联系。后来听到一位大学朋友说,母校准备举办百年校庆,于是胡芳请了假,回国参加这次活动。在这次活动中,胡芳认识了给予自己职业生涯巨大帮助的几个朋友,并了解到,随着经济的发展,人们对教育的渴求不断加深,出国留学已经成为了一种趋势,于是她火速回到家乡,开始着手成立这家国际教育咨询公司。期间,由于多年积累的人脉,胡芳得到了许多朋友的帮助,有人帮她做广告宣传,有人帮她介绍生意,还有一位朋友曾在一家留学中介公司任主管,为胡芳提供了大量宝贵的经验,使她少走了弯路,很快就在这个行业立足了。

一个人要想让自己强大起来,有两个办法,一是努力地提升自己,让自己不断地成长,能力越来越强;二是拥有广泛的人脉。一个女人的人缘越好,人际关系越和谐,获得发展的机遇就越多,这就是人脉的魅力。

有意识地去经营你的人脉吧,总有一天你会发现,它带给你的远远多于你付出的。

第十一章

心藏情调,活出真性情

　　一个女人如果没有情调,就好比一幅没有灵气的水墨画。女人的情调是一种内在气质,是一种性格张扬,是一种情感外露,心怀春风,热爱生活,不做作,不掩饰,才最真实。情调就像蒙蒙细雨,滋养着女人的一生,使我们的每一天都是那么丰盈而充满意蕴。所以,要做,就做心藏情调的女人。

1. 心怀春风，微笑如影随形

前年，我和家人到巴黎旅游。在卢浮宫里，我见到了令世人称赞的世界顶级艺术品《蒙娜丽莎的微笑》。画中面带微笑的女子，数百年来，人们对于她为何如此让人沉迷进行了无数的探索。其中，最大的谜团就是蒙娜丽莎的微笑。

的确如此，我在卢浮宫里看到这幅画作时，同样身为女性的我，也被蒙娜丽莎的微笑迷住了。画中的蒙娜丽莎并不算是一个倾国倾城的美女，按现在世俗的眼光来看，她只能算是容貌端庄，但她的眉眼和嘴角展露出的微笑却让人心旷神怡，令人不由自主地凝望她。

或许，我们的笑容不如蒙娜丽莎那般令人痴迷，但一个经常面带微笑的女子，必定是一个热爱生活的人。这样的人，犹如春风，给人带来温暖。这样的人，犹如彩色的画笔一样涂掉生活的阴霾，绘制出美丽的人生画卷。

王娟是一位保险推销员，她的学历不高，口才也一般。在刚开始从事推销这一行业时，常常几个月拿不到一份订单，穷得连房租都付不起。但是，无论她的生活多么窘迫，她始终保持着微笑。

一天，王娟到一家大企业人力资源部的总经理处推销保险业务，虽然她对这次见面不抱任何希望，但她在见到总经理时，还是微笑着向对方介绍各种保险分类。当总经理对她的保险业务提出质疑时，她也是微笑着回答所有的问题。一个小时后，总经理和她签约了，成为她的第一个大客户。总经理对她说："论口才，你并不出色，但你的微笑让我感觉到你的热情和

心藏情调，活出真性情 第十一章

诚意，所以我愿意与你签约。"

就这样，王娟通过春风般的微笑为自己挣得了入行来的第一桶金。意识到微笑的作用后，王娟更加注重自己的微笑，即使对方冷漠地拒绝自己，她也会回应对方一个微笑。几年后，她成为公司里业绩最好的销售员。而她的微笑也被公司里的同事称为"最温暖的微笑"。

看到王娟用微笑带来的成就，你有什么感受？是不是觉得很简单，一个微笑就能解决的事情，我们何乐而不为呢？我们可以试想一下，如果你去见两个人：一个对你冷若冰霜；另一个面带微笑，温暖如春，你更愿意与哪一个交往？答案不言而喻。

身为女性，微笑不仅是我们事业上的助推器，还是我们真性情的表现。被人称为"大表姐"的世界名模刘雯曾经对记者说过这样一句话："女人出门时如果忘了化妆，最好的补救方法是亮出你的微笑。"

是的，身为新时代的女性，我们知道要漂亮、要独立、要有才华，可唯独忘了要快乐地微笑。事实上，生活是一面镜子，当我们哭泣时，生活就是暗淡无光的。当我们微笑时，生活就是幸福快乐的。

有一位女性，丈夫在他们结婚后的第5年里出轨，拿走了家里的全部财产，还留下了年幼的儿子。这位女性为了抚养儿子，不得不节省开支，在近10年里没有买过一件新衣服。她身边几乎所有的人都为她感到难过，同情她，怜惜她，唯独她自己像没事人一样。每天早上出门上班时，她都微笑着向邻居打招呼。那明媚的笑容使邻居在很长时间里都不相信她是一个遭遇如此不幸的人。

虽然后来的她，不能说过得很好，但她却用自己快乐的笑容告诉大家：我正在努力过得更好。

这位女性的经历告诉我们：微笑是一种生活的态度，与幸不幸运没有关系。心怀春风的人即使生活窘迫，陷入泥沼，他们脸上依然可以展现舒心的微笑，仿佛苦难从没有发生过一样。

从现在开始，如果你没有微笑的习惯，那就练习你的微笑吧。每天早上起床，首先对着镜子里的自己微笑一下，坚持一段时间后，就会发现自己的生活在不知不觉中变得幸福起来。另外，在练习微笑时，为了让你的微笑充满自信、快乐和情调，你还需修炼自己的内心，只有从内心发出的微笑，才是最美的。

（1）学会平衡地生活

所谓平衡，就是指生活要兼顾方方面面，不要让某件事情重量失衡。丰富多彩的生活，会给你的人生天平带来许多新的支点和负荷，这样在你失去一点的时候，不足以影响到天平的平衡。

而这种平衡的生活方式，会让你不过于在意失去的痛苦，会让你感到真正的快乐。

（2）不必把身外之物看得太重

金钱、地位、权利等都是身外之物，不要过于苛求。人的欲望是永无止境的，财富的数量也是没有上限的，我们就算穷其一生，也看不到它们的终点。所以我们不如学会知足常乐，看淡得失，洒脱一些，失之东隅，收之桑榆。

（3）可以失去，但总要保留底线

尽管有舍才有得，但人是需要气节和底气的，我们生而为人，有一些东西是不能丢失的，比如诚信、善良等。人之初，性本善，这些生命最本质的特质我们不能抛弃，因为它们是我们生命不竭的动力和源泉。

最后，请大家记住：一个女人可以没有华美的衣服和首饰，但却不能缺少微笑。

2. 做个热爱生活的幸福女人

现实中，经常会有很多女人抱怨：

生活太平淡，没有一点激情；日子太简单，没有一丝波澜……

她们嘴边经常挂着的词语就是无聊、无趣、没意思，生活就像白开水，饮之无味。但是还有一些女人却活得有滋有味，她们看似平淡的生活里多了很多爱心的点缀，就算一道简单的菜式都要弄得精致美丽，平添一份乐趣，甚至给爱人的一件平常的外衣，她们都要细心地增加一些小小装饰。她们懂得在生活的黑白片段里注入爱的"泡沫"，让平淡的生活变得五彩缤纷。

生活不能永远平淡，女人要做个热爱生活的幸福女人。用心点缀生活，让彼此都不厌倦；时不时地来点意外惊喜，谁也不会喜欢一成不变的生活，因为谁都会有审美疲劳期。就好比一个绝色美女，但是天天只穿一身衣服，就算再美，都会让人觉得无趣。热爱生活的女人善于运用生活中的小小细节制造惊喜，比如给爱人一朵新鲜的玫瑰，给爱人做一顿别出心裁的烛光晚餐。也可以没事的时候改变一下自己，比如说从来不喜化妆的你可以化个有惊艳感的靓妆，从来穿着保守的你突然买个露背的上衣，这些意外的惊喜都会带给自己别样的感受，让自己获得快乐。

> 刚刚大学毕业时，因为经济比较拮据，我住在北京中关村的一个地下室。那里的房子都是村民自建的8到10层小楼，一层四户，房间不足15平方米，只有简单的木板床和旧桌椅。楼房下面就是下水道，常年有老鼠出没。
>
> 我的老家在南方三线城市的一个县城，生活条件不错，就

读的大学也是较有名气的，因此这样的居住环境是我从未经历过的。但为了生活，为了留在距离梦想最近的地方，我只能委曲求全。

楼道里住的人很杂，有无业游民，有小商贩，也有和我一样的小青年。起初，我就只把这里当成一个睡觉的地方，因为这样的地方实在无法被称之为"家"。我没有给房间购置任何摆设，就连衣柜也只是买了两个大号的纸箱，放置冬天、夏天的衣服。晚上下班后，我总是约同学、朋友在外吃饭，逛得累了就回去睡觉。租来的房子，对我而言，不过是一个避免成为无处可归的都市流浪人的暂居地。

后来，我在天涯网上认识了一个叫"安然"的女孩子。安然和我一样，同是独自在北京奋斗的姑娘，也住着租来的房子。可她每天都会晒出自己精心制作的减肥食谱，那雅致的桌布，精美的餐盘，用心摆放的食物，看起来是那样美好。偶尔，安然还会把自己新购的摆件、自制小书柜的照片发上来，赢得一条又一条赞赏的点评。

我知道，网友们赞赏的不只是那一件件物品，在琳琅满目的淘宝网上，比它们更有趣的东西比比皆是，大家赞的是她对

生活的态度：房子是租来的，但生活不是。无论我们在哪一个城市打拼，无论居住的环境多么不堪，我们都要热爱生活，让生活变得美好，动一动手，美好尽在眼前。

翻看安然的动态，几乎每天都有出租屋里的生活照。蓝白色的窗帘，静谧而恬淡；淡粉色的床单，温暖而整洁；破旧的小柜被包上了碎花布，变成了小清新式的书柜；布丁瓶里放两束路旁采来的小黄花，散发着生活的希望……那一刻，我突然

心藏情调，活出真性情 第十一章

意识到，生活原来还可以有另外的样子，它与我们所在的城市、地点无关，与我们所住的房子大小也无关，唯一有关的是我们的心，我们选择用什么样的方式去经营。

我开始重新设计自己的生活：认真地给出租屋做了大扫除；在征得房东同意的情况下，买了隔板在墙上做成书架和储物空间；把纸箱子换成了晾衣架，重要的衣服用衣罩罩好；花了点小钱买了一些有趣的墙贴；又从二手市场买了点便宜实用的小件家具……原来空荡的出租屋，变成了温馨的小窝。置身在这个亲手打造的小天地里，我减少了外出游荡的时间，我对这个租来的小房间有了一种归属感。

时光如梭，现如今，我有能力住上了更舒适的房子。但即使没有属于我自己的房子，我也不慌张。我知道，房子可以是租来的，但只要热爱生活，照样可以活得幸福。

在偌大的城市中，有多少人能够像安然一样，穿透物质的外衣，看清生活的实质呢？太多的女人，都把对生活的热情投入到了想象的黑洞中，不停地告诉自己"等我有了房子要如何""等我还完贷款要如何"……就是不愿抬起手先把厨房水槽里放了几天的碗筷洗干净，就是对乱糟糟的客厅、卧室视而不见。她们总在想，在心愿实现以前，凑合一下就行了。

我曾经在微博上看到一个90后男生周宏翔写过的一篇文章，名字就叫《房子是租来的，但生活不是》，其中有一段话我写来与大家分享一下：

"我们不能因为房子是租来的，就要把生活过得也像别人给的一样，随时都可以拿回去。我们到上海是来干嘛的？我觉得就是要活成另外一个自己，一个别人随时可以拿走你的东西，但是永远拿不走你生活的那个自己。丢了工作，可以找到待遇相等的；丢了爱情，可以找到一个对自己更好的。我们不是租了它们，而是我们有资格拥有它们，只要热爱生活，我们就是

修身养性　做心静如水的幸福女人

幸福的，你说对吗？"

是的，即使我们的生活平淡无奇，即使我们的房子是租来的，只要我们热爱生活，即使再简陋的家也能布置出艺术感。如果我们没有一颗热爱生活的心，即使我们住上别墅也会一样发牢骚。不要再说，有了房子、车子我们就会幸福。不要总觉得，真的拥有了那些东西，生活就会有大不同。谁又知道，到了那时的你，是否又对美好生活有了更高的标准呢？

其实，要想让生活变得更加丰富多彩，你不需要什么特别的技巧，只要热爱它，就足矣。

3. 培养兴趣爱好，让你的生活更充实

对于我们女性来说，生活中不仅要有柴米油盐、锅碗灶台，还要有让我们觉得快乐的兴趣爱好。兴趣爱好不仅能让我们的生活更丰富，还能让我们用一份时间收获两倍快乐。

我们的人生是有限的，可是丰富多彩的兴趣爱好却让我们的人生变得更有意义。我们的人生因为经历生老病死而变得很庄重；可我们的人生也因为有兴趣爱好的点缀变得多姿多彩。如果人生只剩下上班下班、做饭、洗衣服、带孩子那该有多无趣啊！我们需要放松自己的心灵，而兴趣爱好就是我们最好的放松方式，在那里，我们可以安心地做自己。

可是，发展兴趣爱好并不是让我们抛弃自己的事业，有个成语叫做"张弛有度"，假如我们时刻都活在高压下，像一根紧绷的琴弦，我想任何人

都承受不了这一份煎熬。如果说事业是女性生活的主打歌,那么兴趣爱好就是一首温柔的协奏曲。

大部分女人一定有这种感觉,一个有趣的爱好,通常比爱情的滋润、友情的陪伴、事业的成就更能让你容光焕发。不仅如此,兴趣爱好还能让你在百无聊赖的时候,不会浪费时间,而是充实自己的生活。所以,对女人来说,一定要有兴趣爱好,不然生活就太单调了,不是吗?

说到这里,可能有的女人会说:"我现在每天工作都做不完,回家还要做家务,哪还有时间忙兴趣,真是天方夜谭。"我想,你会说这样的话,无非两个原因。

第一,你也不知道自己的兴趣爱好是什么,这很简单,你想想自己最想做的事情是什么?或者小时候有什么愿望还没实现?比如学一门乐器,练书法,跳舞等。这样一想,是不是兴趣爱好就变得清楚多了?

第二,没有时间,这更好解决了。时间是挤出来的,少看一点肥皂剧,少玩一点游戏,把这些时间用来发展兴趣爱好,你就会发现生活更有意思了。

> 我有一个朋友叫晓琳,她跟大多数女性一样,是一个普普通通的上班族,拿着一份还不错的薪水,过着自己的小日子。可是就是这样一个普通的女孩,却是我们羡慕的对象,最重要的原因,是她有一身非凡的厨艺。晓琳不仅做得一手好中餐,对西式甜点也很有造诣。只要是她做出来的食物,尝过的人都赞不绝口。
>
> 因此,尽管晓琳经常在节假日时召唤我们这群朋友当她的试菜"小白鼠",可是由于晓琳从来没失手过,我们这群"小白鼠"乐此不疲。对于晓琳来说,虽然此时还没遇到生命中的爱情,还没迎来自己的事业巅峰,可是能够偶尔这么偷得浮生半日闲,用美食愉悦自己,快乐大家,也是一种不错的生活。

其实，让晓琳感受到快乐的不仅是美味的菜肴和朋友的夸赞，而是准备美食的过程。那是一种创造，一种开拓未知的神秘感，这种成功让晓琳变得更自信、更开朗，说晓琳是"朋友圈第一美厨娘"，一点也不为过。

兴趣爱好对于女性来说并不是什么奢侈的享受，而是一种调剂生活的方法，当我们沉浸在兴趣中时，会感到前所未有的轻松愉快。生活不一定有他人的加入才完美，我们自己也可以是闪闪发光的小仙女！

发展一个兴趣爱好，可以让我们的人生变得更从容，更精彩。其实，我们可以把兴趣爱好当成是自己的"第二人生"，让我们在工作之余感受到生活的乐趣，因为这些有趣的爱好，让我们在孤单一人时不至于感到落寞。兴趣爱好就像是衬托花朵的绿叶，花朵有了绿叶才更娇艳，我们的生活有了兴趣的点缀，才更多姿。

我有一个女性朋友，独自经营着一家服装店。她是一个有梦想，并且崇尚自由的女性，在工作中，她从来不给店员施加压力，一切顺其自然。她的兴趣爱好非常广泛，只要是美的事物，她都很喜欢。也许正因为如此，当她在工作、生活中遇到困难，感到疲惫不堪，或者经营上遇到困惑时，她就用自己的兴趣爱好来调整自己。

有一次，她的小店遇到了危机。为了不让自己被打倒，不让自己被困住，她在走访市场时顺便从花店买了许多自己喜欢的鲜花，做了一瓶非常精致的插花放在自己的房间里，让自己的精神变得轻松一些。那时，她的店员已经从最开始的十几个人，减到3个人了，可是她还是和剩下的店员有说有笑，有时候甚至和他们一起插花装饰店面。没想到顾客被别致的店面环境吸引，生意竟然有所起色，越来越好。

她对我说："其实，生活不会总是对我'微笑'的，我也有十分郁闷的时候。怎么办呢？我总不能整天闷闷不乐的吧，我的小店还要继续啊。所以，当发生这些不愉快的事情时，我就用我的兴趣爱好来激活自己，缓解工作中的压力，让生活充实起来，让自己乐观起来。"

耶鲁大学的一名心理学教授认为，兴趣爱好可以提升一个人的创造力。他曾经做过一个调查，调查结果表明，那些有兴趣爱好的人比那些生活单一的人创造力高出很多。因为，兴趣爱好让人们的生活方式变得多样化，展示自己的机会更多，得到的机遇也更多。总而言之，因为有了兴趣爱好的支持，一个人的精神状态会变得很积极，一方面，有趣的兴趣可以激活我们的生活灵感，另一方面，还能缓解我们的工作压力，让人很快恢复活力。

谁没有无所事事、无聊透顶的时候呢？只是我们女性一定要培养几项兴趣爱好，比如跳舞、练瑜伽、唱歌、刺绣、画画等。这样，就算最后成为孤家寡人一个，也不会感到自己有多孤单，随便捡出一两件兴趣爱好来陶冶情操，提高自己的生活品质，就算是孤芳自赏，也是一件极有诗意的事情，不是吗？

当你结束一整天劳累的工作回到家中，耳边听着悠扬的音乐，手上妙笔生花，这种全身心的投入不但提升自己的素养，还能让人放松精神，感受生活，这是一件多么惬意的事情啊。

发展一些兴趣爱好对女人来说，不仅能让我们的工作变得更轻松，生活更丰富，最重要的是，我们精神世界得到了升华。你是否也想发展一些爱好，开始自己的"第二人生"呢？

4. 给自己放个假，在旅行中体验另一种生活

当一个人在同一个环境中待得太久，必然会变得麻木。我们一定有生活很无聊、工作没动力的时候，其实，这是生活在提醒你，要给自己放个假。此时，你不妨放下眼前的"苟且"，走出去，换个环境，去寻找自己的诗和远方。

对于女人来说，旅行可以是漫无目的地行走，直到看见让自己心仪的风景，在路上遇到让自己心动的人。我们的旅行可以没有计划，没有设定，这样，走到哪里都是惊喜。我们需要享受美好的艳阳天，把自己发霉的心情拿出来晒一晒。

如果说工作中的女性散发着认真知性的美，那么旅行中的女性就是在释放自我，发现一个新的自己。暂时告别方框式的办公桌，方框式的家，去体会外面世界的精彩。"出发"意味着一种新的生活状态，因此旅行中的你，应该放下一切，在美好的旅途中自由自在地呼吸。

我的朋友小艾可是个大忙人，可是就算再忙，她也会抽出时间来一场说走就走的旅行。她曾经独自背包在东南亚"流浪"。她走过那些古老文明的发源地，体验原始的狂野，她也曾在繁华的都市一醉方休。旅行总能包容人们无尽的幻想，在她看来，旅行让原本神秘的世界变得亲近，她的旅行是为在路上找寻新的自己，贴近自己的心灵。一个人在工作中奋斗久了，总会渴望放一个大假，抛下一切工作上的烦恼，去体验别样人生。

自由和快乐谁不向往呢？在物质生活飞速发展的今天，还有什么是钱

心藏情调，活出真性情　第十一章

办不到的事情？当我们的物质要求越来越容易满足时，我们的精神世界就变得越来越匮乏。而旅行，无疑是摆脱物质的诱惑，让精神世界变得丰富的绝佳方式之一。在旅行中，我们的身心将得到完全的放松。

有一位哲学家曾说："生命有太多的浪漫，却不属于旅途上的人们。"也许，这位哲学家是疲于更换交通工具，在各地之间游走居无定所才有感而发。其实，大多数人是带着笑容走在路上的，尽管他们内心也有些忐忑，但是他们的心境十分开阔，精神很放松。人在旅途，前途未知，有难熬的孤单，也有热情的歌舞，这才是旅行的魅力。

工作的压力，需要我们偶尔走出去，走出工作的捆绑，走出生活的压抑，在旅行中发现人生的真谛，在美景中找回丢失的自我，让自己的心灵得到最大的慰藉。在旅行中，你会发现时间过得格外快，真希望时间可以静止，但自己向前的脚步不停。

上海一位女企业家陈兰是一个狂热的旅行爱好者，她的旅行主要以登山为主。她曾经远赴南极，又曾和驴友结伴横穿罗布泊，她曾经自驾横穿西藏，登上珠穆朗玛峰，她还登上俄罗斯海拔5000多米的厄尔布鲁士峰。这位女企业家对登山有一种近乎疯狂的热爱。

陈兰事业刚有起色时，曾投资过珠宝、房地产。可是，如今的她却对记者说："哪有女人不喜欢逛街的呢？我也很喜欢逛街，可是说实话，现在那些名牌包、名牌表，还有那些让人眼花缭乱的珠宝已经不能满足我了。我的资产一部分用来投资，一部分用来做慈善，还有一部分用来丈量这个世界，我喜欢登山，我喜欢那种征服高峰的感觉，因为它们能让我觉得快乐。"

旅行不仅是放松身心的方法，还是一种生活态度。我身边有很多女性朋友抱怨生活没意思，工作压力太大。既然目前的自己生活得这么苦闷，为什么不出去看看呢？当你的眼界开阔了，心胸豁达了，烦恼自然而然就消失了。

你和静谧的黑夜对话过吗？你和娇艳的花朵交流过吗？自由、轻松是我们的追求，让所有寂静热闹起来吧，让自己的天性彻底释放吧。

假如你真的很想去旅行，那就什么都不带，只带着一个背包，放下所有的压力，给自己来一个彻底的放松。到一个明朗的地方，去一个世外桃源，来一次透彻的旅行。

假如你的时间无法满足长途旅行，那就从身边开始吧，约上三五好友，去安静的郊外来一次露营，去周边的农家小院来一次农家乐，短期旅途也有别样风味。

你也可以选择做背包客，收拾简单的行李，踏上遥远的征程，新疆、西藏、尼泊尔……把你的脚印留在那里，体会异域的文化，同时强健自己的体格。

少买几件衣服，少买几支口红，就能来一次经济实惠的旅行了。旅行的重点不在于路程的远近，而是旅行的心境，那种放下一切，追求真我的豁达。

经常出去旅行，让自己游走在美丽的山水之间，说不定对人生会有新的领悟。在神奇的大自然中，一草一木都极具禅意，假如你能静下心来去品味，对我们的心灵也是一种滋润。外界广阔的天地有一种迷人的魔力，它可以让我们原本郁闷的心情一下子变得豁然开朗。

愤怒时出去走走，也许回来时你会发现，那些让自己愤怒的事情也没什么大不了的；难过时出去走走，你会发现那些让自己伤心的事情都是过眼云烟。旅行不仅可以放松紧绷的情绪，还能治愈受伤的心灵。著名心理学家胡因梦有一段时间情绪特别糟糕，连带着身体素质也下降了不少。为了尽快恢复健康，她每天都和朋友一起去爬山，坚持了一段时间后，她惊讶地发现自己的身体居然变好了，气色越来越红润了，仿佛获得了一次新生。

因此，胡因梦一直觉得爬山是对身体非常好的一项活动。试想，假若我们在云雾缭绕如仙境般的山中呼吸着新鲜空气，享受着人间美景，还有什么事情好烦恼的呢？

一个女人如果能从一次美好的旅行中收获一种宁静的心态，她就不会让自己随波逐流，不会再为一些芝麻蒜皮的小事而伤神。因为她的精神世界极为丰富，正因为如此，她变得更从容、更冷静。

所以，当你十分劳累时，给自己放个假吧，去体验不一样的人生。去溪边野餐；去山中漫步；去公园赏花；去海边踏浪。为了你，这些美景已经等待了许久，等你去感受，去发现，去体会生活的美好。

5. 世界很复杂，慈悲之心很重要

曾经有人问我："世界上什么东西是最可怕的？"我迅速地回答道："世界上最可怕的事情是有一颗冰冷的心。"

我想，再也没有比这更可怕的事情了。一颗冰冷的心，不愿意相信世间存在美好的事情，处处算计，以金钱和物质作为衡量标准，对人对事都不再有任何期待，对生活也不存在任何幻想，这样的人即便成功也无法感受到生命的美好。

相反，如果拥有一颗温暖的慈悲之心，那么无论你身处什么样的环境，你都能感受到生活的美好，活得有滋有味。

有一位姑娘出生在四川偏远的山区。有一天，厄运降临在她身上。那天她出门办事,双腿被一个滚落的大石头重创。当时离她最近的一个诊所,走路过去还要半天的时间。庆幸的是,因为别人的帮助,这位姑娘在那次事故中化险为夷。这次经历也让她萌生了一个想法:要让偏远地区的穷人都可以免费看病。

抱着这样的心愿,在大学毕业后,她创办了"偏远地区医疗志愿团"。她通过网络号召更多的医生志愿者加入他们的团队,免费为偏远地区的穷人提供医疗帮助。这些医生不仅没有领取任何一点儿报酬,还需要自付差旅费。他们纷纷表示从中获得了精神上的满足。

随着"偏远地区医疗志愿团"的不断壮大,越来越多的慈善者加入到这个组织里。迄今为止,这个志愿团已经为全球超过十万人提供过免费的医疗帮助。一个两手空空的姑娘,凭着一腔热情在我国的四川缔造了一个慈善的传奇,帮助了别人,也成就了更开阔的人生。

这位姑娘的故事告诉我们:只有愿意付出一颗真心,才能使自己变得更加美好。无论你遭遇过什么,都不要失去一颗有爱的心。分一点爱心做慈善,是擦拭心灵的行为,是修缮灵魂和提升自我的行为。在施善的行为中,能够更深刻地体会到人与人之间的真挚情感,让自己对生命更有信心。

我上大学的时候,在系部交流会上认识了一个学姐,我们俩一年也见不了几次面,只是偶尔在QQ上谈一下系部工作安排。那时为了减轻爸妈的负担,我开始在校外打工,一个月可以挣1000块钱左右。有一天,学姐突然给我打电话,说家里出了急事,要找我借钱,我二话没说就把我的工资全给她汇过去了。一周后,当我问她家里情况怎么样时,发现她已经把我拉黑了。

参加工作后,一个之前的同事来找我哭诉,说他自己轻信别人，把准备结婚的钱投到理财公司，结果被骗了。问我能不能帮帮他，我想了想，毕竟是成全别人的事儿，我还是借钱给他了。

截止到目前，找我借钱的有35个人，其中有6个拿了钱之后就消失得无影无踪了。

看到这里，也许你会嘲笑我傻，但是大部分人还是信守诺言，还钱给我了，也因为我的慈悲之心，我们成了非常好的朋友。什么叫"慈悲之心"？不是不经世事，天真地相信每个人，认为这是个完美的世界，而是在经历过黑暗和欺骗后，我们仍然愿意付出自己的善心，仍然相信人世间的美好。

当我把钱借给别人时，其实我早就做好了钱拿不回来的准备。但是，就算失去了这笔钱，我日后也能挣回来。我对物质的要求并不高，钱少有钱少的过法。为什么不去相信世界是美好的呢？

新闻中经常有报道称，某某企业为希望小学捐了一座图书馆，某某明星为灾区捐了多少钱，某某企业成立慈善专项基金帮助留守儿童，某某明星领养了一只流浪小动物。每每听到这些，我们就羡慕不已，有钱就是好啊，可以帮那么多人，自己有心无力。

其实，这么想是不对的。关于慈悲之心，我们要明白，慈悲不关乎钱的多少，而在于你捐的钱对受捐者的意义有多大，也许200块钱对你来说只是一件衣服的钱，但是对于山区的孩子，可能是一学期的学费，或者半年的伙食费。

慈悲之心是不以金钱的数量来衡量的。奉献爱心，尽自己所能，就是伟大的。善良的心是不分高低贵贱的，只要怀有真诚的慈善，我们的心灵就是高贵的。

那么，应该如何以我们微小的力量去奉献我们的慈悲之心呢？以下两个方法可供参考。

（1）时刻行小善，心中存大善

我们每个人都有义务去爱护我们居住的环境。从自己做起，随手关灯，节约用水，爱护花草树木，渐渐影响身边的人，让天空永远蔚蓝，让草地永葆生机，让空气永远清新。心怀大善，才是真正慈悲之人。

（2）尽自己所能去帮助身边的每一个人

我们生活的方式多种多样，想让自己活得有意义，并且让他人的生活也充满阳光，就要尽可能地帮助他人，多伸出自己援助的双手。"赠人玫瑰，手留余香"，助人也是助己。